U0492617

石油天然气装备制造业的知识产权战略选择、实施与评价研究

——以四川省为例

刘鸿渊　史仕新　著

中国财经出版传媒集团
经济科学出版社
Economic Science Press

图书在版编目（CIP）数据

石油天然气装备制造业的知识产权战略选择、实施与评价研究：以四川省为例/刘鸿渊，史仕新著. —北京：经济科学出版社，2018. 11

ISBN 978 - 7 - 5141 - 9986 - 4

Ⅰ. ①石…　Ⅱ. ①刘…②史…　Ⅲ. ①石油工业 - 石油化工设备 - 装备制造业 - 知识产权 - 战略管理 - 研究 - 四川②天然气工业 - 石油化工设备 - 装备制造业 - 知识产权 - 战略管理 - 研究 - 四川　Ⅳ. ①F426. 22

中国版本图书馆 CIP 数据核字（2018）第 280546 号

责任编辑：申先菊　赵　悦
责任校对：杨　海
版式设计：齐　杰
责任印制：王世伟

石油天然气装备制造业的知识产权战略选择、实施与评价研究
——以四川省为例
刘鸿渊　史仕新　著
经济科学出版社出版、发行　新华书店经销
社址：北京市海淀区阜成路甲 28 号　邮编：100142
总编部电话：010 - 88191217　发行部电话：010 - 88191522
网址：www. esp. com. cn
电子邮件：esp@ esp. com. cn
天猫网店：经济科学出版社旗舰店
网址：http：//jjkxcbs. tmall. com
北京季蜂印刷有限公司印装
710 × 1000　16 开　11 印张　170000 字
2018 年 11 月第 1 版　2018 年 11 月第 1 次印刷
ISBN 978 - 7 - 5141 - 9986 - 4　定价：68. 00 元
（图书出现印装问题，本社负责调换。电话：010 - 88191510）

本书的出版受到了西南石油大学人文社科专项“杰出人才”项目基金和出版基金的资助。

序

全球新一轮科技革命和产业变革日新月异，科技创新与战略性新兴产业的深度融合发展重塑了产业形态。新技术、新能源、新材料的广泛应用极大地促进了工业智能化、集成化发展，以知识和信息为基础的无形资产较有形资产对经济发展的作用和贡献更大，成为新的生产要素。面对新一轮科技革命和产业变革，美国提出了制造业复兴计划，德国、法国、英国、日本等也各自提出了振兴制造业的战略计划。

创新驱动发展的结果是科学技术迅猛发展和知识产权制度的不断建立和完善。知识产权不仅是一种重要的法权和无形资产，也是经济主体强有力的竞争手段。在人类的经济活动中，一方面知识产权作为无形资产具有经济价值，另一方面知识产权作为法定的智力成果权或工商业标识权具有巨大的商业竞争价值。以知识产权为竞争性资源参与竞争，获取知识资源的经济竞争优势已成为一种新的发展趋势。从战略高度去系统地研究企业的知识产权战略环境、目标定位、实施控制和绩效评价，并将其纳入到企业的战略管理中将成为企业参与市场竞争的重要内容。

目前，中国经济社会正处于从量的增长到质的提高的转变，经济社会的高质量发展对能源安全供给和结构优化提出了新的要求。2017 年，我国石油对外依存度高达 67.4%，天然气对外依存度达到了39%，石油天然气对外依存度的提高对我国能源安全提出了新的挑战。一方面中国油气资源供给的紧迫形势客观上要求加大国内油气资源的勘探、开发投入力度，增强国内油气的自给率；另一方面在“一带一路”框架下加强能源领域合作，不仅有利于推动共同发展，共同促进全球能源可持续发展，共同维护全球能源安全，而且也是中国能源安全供给的必然选择。

中国制造业走出去不仅意味着其迈向了跨国经营，而且要求其具有全球性配置资源、全产业链经营、关键价值控制、核心技术掌控、高附加值盈利的能力，而这些能力的形成客观上要求其不断地进行技术创新和管理创新，形成具有自主知识产权的核心技术专利、品牌、商标、著作权等。石油天然气装备制造业是石油天然气产业健康发展的基础，无论是加大国内油气资源的勘探开发还是中国油气企业走出去，加大与油气资源国的合作都涉及石油天然气装备制造业，与石油天然气装备制造业的战略选择、实施有关。在一个开放的市场体系下，知识产权是石油天然气装备制造业战略体系的重要组成部分，其科学的选择、实施和评价体系的构建有利于提高石油天然气装备制造业的核心竞争能力，是我国石油天然气安全战略管理能力提升的重要内容，值得深入研究。

刘鸿渊、史仕新、刘欣三位作者共同完成的《石油天然气装备制造业的知识产权战略选择、实施和评价研究》一书，立足于《中国制造2025》的总体要求，以国内能源领域的深度合作为背景，以企业战略管理理论为指导，在对石油天然气装备制造业知识产权战略环境进行分析的基础上，构建了石油天然气装备制造业的战略管理体系，提出了知识产权战略的聚类选择模型和战略实施路径，构建了石油天然气装备制造业的知识产权战略绩效评价指标体系，其有关石油天然气装备制造业知识产权战略环境的判断、知识产权战略管理体系、知识产权战略类型、实施过程要素、评价指标体系的研究结论对提高石油天然气装备制造业的整体知识产权管理水平具有理论指导意义和实践价值，其探索求知的精神值得鼓励。

正如本书后记所言，在新的时代背景下，中国企业走出去，参与人类利益共同体的建设，其合作是多层面的，知识产权作为创新性成果保护的一种制度安排，其科学而合理的应用涉及战略管理，理应引起高度重视，值得更进一步深入研究，希望作者立足于“一带一路”倡议背景，以人类命运共同体发展为基本出发点，将石油天然气装备制造业的知识产权战略纳入到一个更广范围内，着重于主体异质性、环境复杂性的知识产权战略管理内容体系，从合作创新、利益分享等多个角度进行系统研究，为国内装备制造业“走出去”提供强有力的理论支撑和科学的实践指导。

张友国

2018 年 10 月于北京

前言

装备制造业是一个国家的基础和支柱性产业，其发展水平是一个国家综合实力的具体体现。在国家相关政策的大力支持下，我国装备制造业的综合实力显著增强，其经济发展支撑和保障功能进一步完善。近年来，中国汽车、发电设备、数控机床等重点制造业的产品种类和产量不断增长，自主研发的高端设备与世界一流水平的差距也正在不断缩小，从制造大国向制造强国转变的步伐正在加快。一方面，从装备制造业景气指数看，2015 年整个指数保持在 93 以上。装备制造业在经济增速下降的情况下，行业效益却处于稳定状态，整体利润率得到了明显改善，结构调整和产能优化效应正在逐渐显现。另一方面，在“高档数控机床与基础制造装备”的国家重大专项资金的支持下，我国高档数控机床与基础制造装备发展迅速。以新型传感器、智能控制系统、工业机器人、自动化成套生产线为代表的智能制造装备自主研发能力不断增强，基本摆脱了长期依赖进口的被动局面，为整个装备制造业的水平提升起到良好示范作用。

虽然我国装备制造业在规模、体系和竞争能力方面都取得了进步，但在发展过程中仍面临着不少困难。在全球化和世界经济一体化的背景下，装备制造业主导着世界制造业的价值重构、竞争优势和创新，其重要性日益凸显，为中国制造业的转型发展提出了新的挑战。在新的时代背景下，装备制造业如何实现结构调整、优化升级、创新发展已经成为中国经济社会转型发展的重大课题。在全球制造业格局和技术不断变化的新形势下，复杂多变的国际政治、经济环境给我国装备制造业的发展带来了极大的不确定性。以既有的体系、效率优势为基础，形成技术创新发明、生产制造、销售服务的良好产业生态势在必行。这客观上要求一方面在大力开展自动化的基础上，发展智能制造，提升装备制造企业在生产、库存、管理、决策等信息化、自动化水平，夯实工业4.0的产业基础；另一方面以“一带一路”倡议为背景，积极主动地拓展“一带一路”沿线国家的市场空间，实现我国装备制造业“走出去”的梦想已经成为我国装备制造业转型升级发展的两大核心任务。

石油天然气装备制造业是我国装备制造体系中的重要组成部分，它将会随着我国装备制造业的转型升级而得到优化和发展。在世界经济普遍不景气、石油天然气需求不确定性不断增加的条件下，石油天然气装备制造业转型升级发展环境更为复杂，其转型升级涉及石油天然气装备制造业的战略选择和战略调整。随着信息技术的发展，知识共享、协同创新将成为企业从竞争走向合作的新趋势，以专利、商标、品牌等为代表的企业知识产权的作用将会越来越明显，影响和制约着企业的竞争能力，企业必须从战略高度去重新审视知识产权管理策略，也就是说重新调整企业知识产权管理模式，从战略层面去认识企业知识产权管理的重要性已被提上议事日程，是石油天然气装备制造业转型升级发展进程中必须思考的行业性问题。

石油天然气装备制造业是石油天然气工业发展的基础和前提条件。如果装备制造业转型升级是我国由制造大国向制造强国转变的重要任务，那么提升装备制造业的技术创新能力将直接关系到其转型成功。更进一步，如果以知识经济为时代背景，知识产权作为企业无形资产，那么其有效开发、利用已经成为企业管理的核心内容，这客观上要求必须从战略高度去审视石油天然气装备制造业在转型升级进程中的知识产权管理问题，以此为背景将先进的战略管理思想应用于石油天然气装备制造企业中，为其知识产权战略管理环境分析、战略选择、实施和评价进行研究，不仅有利于科学、合理地利用企业的知识产权，而且也有利于提高石油天然气装备制造业的知识利用率，促进技术创新能力的提升，增强其核心竞争力。本书以我国装备制造业转型升级为背景，以战略管理理论为基础，将石油天然气装备制造企业知识产权战略作为研究对象，在系统地分析了石油天然气装备制造业知识产权战略环境基础上，对石油天然气装备制造业知识产权战略管理体系、战略选择、战略实施和战略评价进行研究，构建了石油天然气装备制造业知识产权战略管理体系、战略选择方法、实施路径和管理绩效评价方法。

目录

第2章 相关概念与基本理论 / 16

第1章

绪　　论

1.1 选题背景

1.1.1 中国制造业转型升级新趋势

制造业是一个国家工业体系的重要组成部分，其健康发展有利于增强一个国家的综合国力。虽然经过多年的努力，我国制造业迅速发展，形成了完整的产业体系，有力地促进了工业化、城市化和现代化进程，但与世界先进制造业相比较，我国制造业的自主创新能力明显不足，制约着我国制造业的整体竞争能力。为推进中国由制造大国向制造强国发展，2015年国务院印发了《中国制造2025》，其颁布将有力地推进我国制造业的转型升级和跨越式发展。《中国制造2025》认为制造业是国民经济的主体，是立国之本、兴国之器、强国之基。打造具有国际竞争力的制造业是提升我国综合国力、保障国家安全、建设世界强国的必由之路。改革开放以来，我国装备制造业取得了显著的进步，已建成了门类齐全、独立完整的产业体系，奠定了我国成为世界制造大国的基础。然而与世界装备制造业的先进水平相比，我国制造业存在着规模与质量不一致，关键、核心技术自主创新能力不足，大而不强现象明显，自主创新能力、资源利用效率、产业结构水平、信息化程度、质量效益等有待于进一步提高，中国装备制造业转型升级和跨越式发展任务紧迫而艰巨。按照“四个全面”战略布局要求，实施制造强国战略，加强统筹规划和部署，力争通过自主创新努力，把我国建设成为制造强国，为实现中华民族伟大复兴打下坚实基础。

面对新一轮科技革命、产业变革和世界竞争格局变化，我国装备制造业转型升级发展机遇与挑战并存。《中国制造 2025》明确提出了加快制造业转型升级的重大战略任务和政策举措，提出了力争到 2025 年从制造大国迈入制造强国行列的要求，为我国装备制造业的发展奠定了良好的外部环境。“十二五”时期，国家先后出台了多项政策支持我国装备制造业的绿色转型发展，为我国装备制造业的转型发展指明了方向。在国家宏观政策的大力支持下，经过国内装备制造业的共同努力，我国装备制造业已初步形成了门类齐全、有一定技术水平的产业体系，但“大而不强”、关键技术缺乏和创新能力不足的局面仍然制约着我国装备制造业的健康发展，急需从战略高度去思考我国装备制造业的转型升级发展。

1.1.2 石油天然气行业竞争新格局

国家主席习近平在世界经济论坛 2017 年年会开幕式上强调指出要坚定不移推进经济全球化，引导好经济全球化走向，致力打造世界经济增长、合作、治理、发展新模式，重振了各国对世界经济发展的信心。世界各国不断增强的经济发展信心将带动石油天然气行业的发展。“一带一路”既是中国重大经济发展，同时也是中国能源重大发展的倡议，将有力地促进世界石油行业的发展。在世界经济整体下滑，国际油价持续波动新形势下，石油天然气行业也面临着如何发展的战略抉择，其不同的战略抉择将会直接影响着我国石油天然气装备制造业的发展。

石油天然气装备制造业的转型升级与世界石油天然气价格关系密切。据全球能源咨询公司伍德·麦肯齐预测，在连续经历了两年石油价格大幅下跌后，2017 年全球油气上游投资开始回升，世界石油需求增速提高。其原因是一方面石油输出国组织（Organization of Petroleum Exporting Countries,

OPEC）已经达成减产协议，尽管美国和减产豁免国利比亚、尼日利亚原油产量大幅提升，但欧佩克和以俄罗斯为首的非欧佩克产油国较好地执行了限产措施，世界石油市场供需基本面总体向好，国际油价同比上涨，2017 年布伦特原油期货年均价 54.74 美元/桶，同比上升 9.61 美元/桶，涨幅达 21.3%。另一方面根据贝克休斯对全球钻机数量的统计，2016 年下半年全球钻机数量开始回升，在北美地区尤为显著，这与美国对外出口油气资源的增长趋势是相吻合的。对国际油价上涨的预期已明显地增强了人们对石油行业上游的投资热情，势必会带来整个世界石油天然气装备制造业的发展。

在低油价背景下，石油企业纷纷通过减员降低用工成本的方式来应对因石油价格下跌而导致的企业亏损。据 2014—2016 年数据统计，全球石油行业共裁员 40 余万人，集中在油田服务供应商、钻井承包商和设备制造商。随着石油天然气市场行情好转，石油价格回升，一些石油企业开始重新招聘员工，开展新的勘探开发活动。新一轮的招聘活动不仅是人们对石油行业预期的改变，而且也会增加勘探开发投入，信心的增强将会带动油田服务产业和装备制造产业的回升与发展。

基于对石油行业的乐观估计，石油企业之间的整合并购也有了新的发展。在与哈里伯顿 280 亿美元合并失败后，贝克休斯成功与美国通用电气公司油气部门合并，贝克休斯的兼并行为本质上是一种对石油行业未来充满信心的具体表现，良好预期无疑会对石油行业产生巨大的影响。相关报告显示，相对于石油行业 2015 年的并购活动而言，2016 年的并购活动进一步呈现出活跃态势，一方面是投资者希望通过并购活动扩大规模，削减成本；另一方面是投资者期望利用美国快速增长的天然气市场来扩大自己的市场范围，增强市场竞争能力。总之，从行业内企业的投资、员工政策可知，石油天然气行业正在逐渐回暖，未来市场将带动石油天然气装备制造业的发展，带给石油天然气装备制造业一个新的发展契机。

改革开放 40 年来，在国内巨大市场需求驱动下，中国装备制造业规模迅速扩大，虽已发展成为世界第一制造大国，多种工业产品的产量多年位居世界第一，但仍是困难重重。具体到石油天然气装备制造业而言，一方面，受国际大环境冲击，发展困难重重，具体表现为 2015 年和 2016 年中国石油天然气装备制造业油气勘探开发进程明显放缓，投资减少。上游勘探开发投资的减少使我国石油天然气装备制造产能过剩与结构不平衡的矛盾进一步显现，石油天然气装备制造业市场萎缩，行业面临巨大的生存压力，制约着我国石油天然气装备制造业的转型升级发展。另一方面，成本优势正在不断丧失，受劳动力成本的快速增长的影响，发展中国家原有劳动力成本低的优势已不复存在，制造业回归发达国家已成为世界装备制造业的新趋势，世界装备制造业的这一趋势进一步加深了国际装备制造业的市场竞争。在生存与发展的双重压力作用下，中国石油天然气装备制造业急需转型升级，急需进行结构优化，技术创新和发展高端制造业已成为当务之急。一方面，中石油、中石化、中海油的减产必将对中国石油天然气装备制造业提出新的挑战。虽然国内石油的减产将会给中国石油天然气装备制造业的市场总量造成直接的不利影响，但却为中国石油天然气装备制造业的升级转型赢得了重要的战略机遇，有利于中国石油天然气装备制造业由低端向高端发展。另一方面，在当前全球石油限产、减产，油价波动的环境下，借鉴国外先进经验，优化产品结构，通过技术创新，创新商业服务模式，不仅为客户提供装备，还要为客户提供技术服务，形成现场服务、技术研发、物资采购、生产制造、质量工艺检验等多领域的综合服务体系已经成为我国石油天然气装备制造业的发展趋势。

目前，中国已发展成为全球第二大石油钻采装备出口国。为满足石油天然气生产安全的特殊要求，为了生存和发展，中国石油天然气装备制造业已在战略上进行了调整，纷纷提出了立足全球，主动融入世界经济发展，积极参与全球竞争，不断加大技术研发投入力度，优化生产工艺，完善产品结构，提高产品质量，提高自主开发能力的发展新思路。走出去，进一步扩大开放已经成为我国石油天然气装备制造业在新形势下的重要战略选择。

1.1.3　知识产权管理发展新要求

随着知识经济的兴起和发展，知识产权已经成为企业和国家参与市场竞争的战略资源，其开发、利用和保护有利于提高企业和国家的竞争能力。在国家相关政策的大力支持下，我国知识产权创造、运用保护、管理能力得到了明显的发展，具体有以下几点表现。

（1）知识产权整体创造水平显著提高。从知识产权数量看，数量的增加与结构优化同步发展，一些关键领域的核心专利、知名品牌等大幅增加，并且逐渐形成一批拥有国外专利和全球知名品牌的知识产权优势企业。

（2）知识产权运用效果显著增强。企业作为知识产权主体，其运用知识产权参与市场竞争的能力明显提升，知识产权投融资功能被充分利用，企业知识产权市场价值正在逐渐显现，不仅知识产权密集型产业增加值占国内生产总值的比重显著提高，而且知识产权服务业发展迅速，知识产权服务能力快速提高，促进了知识产权运营体系的发展，促进了装备制造业产业结构优化升级。

（3）知识产权保护状况显著改善。知识产权保护体系是知识产权管理体系的重要组成部分。经多年努力，我国的知识产权保护体系更加完善，司法保护主导作用正在形成和充分发挥，行政执法效能和市场监管水平明显提升。反复侵权、群体侵权、恶意侵权等行为受到有效制裁，知识产权犯罪分子受到有力震慑，知识产权权利人的合法权益得到有力保障，知识产权保护社会满意度进一步提高。

（4）知识产权管理能力显著增强。知识产权行政管理水平明显提高，审查能力达到国际先进水平，国家科技重大专项和科技计划实现知识产权全过程管理。重点院校和科研院所普遍建立了知识产权管理制度。整个国家的企业知识产权管理水平大幅提升。

（5）知识产权基础能力全面提升。构建国家知识产权基础信息公共服务平台，知识产权人才队伍规模充足、结构优化、布局合理、素质优良，全民知识产权意识显著增强，尊重知识、崇尚创新、诚信守法的知识产权文化理念深入人心。

深入实施知识产权战略是全面深化改革的重要支撑和保障，是推动经济结构优化升级的重要举措。国家出台的《深入实施国家知识产权战略行动计划（2014—2020）》明确指出进一步优化完善知识产权法治环境，进一步提升知识产权创造、运用、保护和管理能力，进一步增强知识产权意识，充分发挥知识产权制度对经济发展、文化繁荣和社会建设的促进作用。从知识产权市场主体角度对知识产权市场主体的战略选择、实施进行系统的研究，将知识产权战略管理纳入到国家、行业和企业的管理体系中进行系统化的管理。

石油天然气装备制造业是整个国家装备制造产业体系的重要分支，是石油和化工的支撑性、基础性行业，其发展水平决定着我国石化工业乃至整个国内装备制造业的发展。然而立足于我国的石油天然气装备制造业，在高端装备领域，40%的大型石油石化装备仍然需要进口，我国石油化工装备制造行业的自主创新能力较弱，传统装备制造业中依靠人力、物力的生产方式尚未得到彻底改变的现状制约着我国石油天然气装备制造业的整体竞争能力（陈柳钦，2013）。目前，世界已经进入以信息技术、知识创新为主要特征的知识经济时代。在知识经济时代下，知识竞争的作用和地位将会进一步凸现，知识产权将成为企业知识资源核心内容，代表着企业的创新能力，是衡量企业在国际市场中竞争力强弱的重要指标。因此，我国石油天然气装备制造业以及整个装备制造行业重视知识产权，从战略管理层面去认识企业的知识产权的重要性，抓住机遇，促进整个石油天然气装备制造业的转型升级，改变“大而不强”的不利局面，以增强整个石油天然气装备制造业的国际竞争能力势在必行。

如《中国制造 2025》所强调的一样，强化知识产权创造和运用是未来国家知识产权管理的重点，具体措施包括了加强制造业重点领域关键核心技术知识产权储备，构建产业化导向的专利组合和战略布局；鼓励和支持企业运用知识产权参与市场竞争，培育一批具有知识产权等综合实力的优势企业，支持组建知识产权联盟，推动市场主体开展知识产权协同运用；建立健全知识产权评议机制，鼓励和支持行业骨干企业与专业机构在重点领域合作开展专利评估、收购、运营、风险预警与应对；构建知识产权综合运用公共服务平台；鼓励开展跨国知识产权许可。在国家大力加强知识产权运用、保护的时代背景下，知识产权无疑是国家和企业的重要资源，知识产权创造、保护和运用需要建立国家、行业和企业层面的知识产权战略管理体系。基于中国石油天然气装备企业的发展水平和竞争能力，一些企业已未雨绸缪，从战略高度去审视企业的知识产权管理，在专利申请、知识产权应用方面取得了令人瞩目的成绩，为整个石油天然气装备制造业的转型发展提供了参考和借鉴。在进一步对外开放的大背景下，将战略思想融入到石油天然气装备制造业的转型升级过程中，从战略的高度去认识石油天然气装备制造业的知识产权管理具有重要的时代意义和现实价值。

总之，在世界经济下滑、油价持续波动、国内石油天然气装备市场需求不畅的背景下，加强石油天然气装备企业的知识产权战略管理，提升石油天然气装备制造业的技术创新能力，是其应对市场挑战、参与国际竞争、增强其核心竞争力，实现发展转型的必然选择。因此，引进战略管理思想，运用战略思维，构建系统的知识产权战略管理体系，从战略环境分析、战略选择、实施和绩效评价方面展开对我国石油天然气装备制造业知识产权战略研究，有利于提高我国石油天然气装备制造业的知识产权战略管理能力，是我国石油天然气装备制造业转型升级的重要课题。

1.2 研究目的与意义

1.2.1 研究目的

立足世界经济竞争新格局和中国制造业转型升级所面临的机会与挑战，立足我国石油天然气装备制造业结构调整和优化升级所面临的具体情境，从知识产权战略管理角度展开相关研究，其主要目的包括：一是认识清楚石油天然气装备制造业知识产权战略管理环境。从企业战略管理角度去分析石油天然气装备制造业知识产权战略管理内涵与战略管理环境，深化人们对我国石油天然气装备制造业对知识产权重要性的认识。二是构建石油天然气装备制造业知识产权战略管理体系。从知识产权战略管理与企业集成管理角度去分析石油天然气装备制造业知识产权战略选择、实施和评价，构建起具有石油天然气装备制造业行业特色的知识产权管理体系，提出战略选择方法和战略评价方法。三是提出改进石油天然气装备制造业知识产权战略管理建议。

在对石油天然气知识产权战略管理环境分析、战略选择、实施路径、评价方法研究基础上，提出相关建议，为石油天然气装备制造企业知识产权战略选择、实施和评价提供理论支持和实践指导。

1.2.2 研究意义

1. 理论意义

目前，我国装备制造业正处于转型升级的关键时期，需要不断的技术创新。健全、完备、科学、合理的知识产权战略体系将有利于提高我国装备制造业的知识、技术创新效率，有利于提高我国装备制造业的竞争能力。石油天然气装备制造业知识产权战略管理体系是石油天然气装备制造行业在新的历史条件下企业管理研究的一个重要发展问题。一是我国石油天然气装备制造业在复杂多变、充满制约和挑战的市场环境下实施知识产权战略，急需科学的理论指导和一套成熟的知识产权战略管理体系，为我国石油天然气装备制造业的转型升级服务。二是立足于产业内的进一步协同创新，企业内部知识产权战略的实施是以一定理论为指导的实践，构建起具有石油天然气装备制造业行业特色的知识产权战略管理体系，将有利于我国石油天然气装备制造业的转型升级，有利于我国石油企业知识产权战略的顺利实施。三是知识产权战略管理是知识产权管理理论的重要内容。在现有的知识产权管理理论研究中，关于装备制造知识产权战略管理的研究明显不足，且现有研究多处于战略指导思想探讨的层面，缺乏系统的理论阐述和具体的对策建议，尤其是将石油天然气装备制造业的知识产权作为内核的知识产权管理鲜有研究，因此，开展与石油天然气装备制造业知识产权战略管理相关的环境分析、战略选择、实施和评价研究，将进一步深化人们对石油天然气装备制造业知识产权管理理论的认识，细化对制造业知识产权管理理论的研究，从而丰富我国知识产权战略管理理论。

2. 现实意义

装备制造业对经济发展的贡献率呈现平稳上升趋势。从 2007—2011 年五年间的相关统计数据看，我国装备制造业平均增长率为 21.47%（霍晓姝，2014），在整个经济发展过程中具有举足轻重的地位。石油天然气装备制造业是我国装备制造业的重要组成部分，其在我国经济发展中的重要地位越来越明显。近年来，虽然中国石油天然气装备制造业无论产能规模、产值收入还是出口规模都在不断增加，产品质量和技术水平也有了一定提高，呈现出良好的发展态势，但面临着石油天然气勘探开发对装备制造业的新要求，我们不难发现：一方面，面对陆上油气资源的日渐枯竭，大力开发海洋油气资源、寻求替代能源已经成为世界能源供给的总体趋势。我国深海石油钻采设备总体设计、建造能力与国外的差距明显，大力发展海洋油气资源开发工程装备制造是我们现实的战略选择；另一方面，陆上油气田勘探开发仍是我国油气资源安全供给的主力，特别是面对一些特殊的地质、油藏的石油、天然气勘探开发对石油天然气装备制造提出了更高的要求，加大技术创新投入，为上游勘探、开发提供石油天然气装备已经成为我国石油天然气装备制造业的主要任务。海上油气资源和陆上特殊地质油气资源的勘探开发为我国石油天然气装备制造业的发展提供了市场机会。目前我国石油和化工行业达到国际先进水平的技术装备仅占1/3左右，国产装备的国内市场满足率不到60%，在重大技术装备领域这一比率更低（陈柳钦，2013）。缺乏自主知识产权的产品和技术，高端装备和制造技术需要进口，工艺技术对国外服务商依赖性强，急需大量引进技术和工艺，通过引进、吸收、消化来提高自身的技术创新能力，这势必会涉及知识产权问题。更进一步，中国石油天然气装备制造业在经营过程中，对知识产权的价值、作用和意识认识不到位，将知识产权管理简单地理解为专利申请和维权，企业知识产权产出成本控制、收益创造能力明显不足。据有关部门统计，目前我国石油钻采专用设备行业限额以上企业（年销售收入在500万元及以上的企业）近700家，而且数量还在不断增加（陈柳钦，2013）。散、小、多而不强的局面导致国内石油天然气装备制造业市场竞争激烈。低端石油天然气装备市场的完全竞争结构制约着企业的盈利能力和盈利水平。在利润率低于行业平均利润率的情况下，生存已经成为石油天然气装备制造业的首要任务，企业缺乏对技术创新的投入动机，也缺乏投入的能力，与之相应的企业知识产权管理处于发展初级阶段，对知识产权战略管理重要性认识有待于进一步提高，重新认识知识产权的重要价值，加强知识产权管理的系统化研究，为石油天然气装备制造业知识产权战略管理提供理论指导，已经成为我国石油天然气装备制造业转型升级过程中亟待解决的问题：知识产权战略管理与石油天然气装备制造业自身之间的联系，即明确战略目标；如何构建有效的石油天然气装备制造业知识产权管理体系，从而高效地完成知识产权战略管理。

基于知识主体战略创新能力的提升与完善的知识产权战略管理体系的需要，建立具有石油天然气装备制造业行业特色的知识产权战略管理体系，通过借鉴企业战略管理理论，引入系统集成思想，厘清石油天然气装备制造业知识产权战略管理体系的内容与战略管理过程，从战略环境分析、战略选择、实施与评价四个关键环节对知识产权战略管理进行研究并提出建议，对提高我国石油天然气装备制造业知识产权战略管理能力，完善整个石油天然气装备制造业的战略管理体系，提升整个石油天然气装备制造业的技术创新能力和核心竞争能力，具有不可或缺的现实指导作用。

四川是我国天然气主产区，其石油天然气装备制造业在行业内具有一定的影响，发展基础好，在知识产权创造、利用方面积累了一定经验，但与行业先进相比仍有不足。2017 年 2 月 28 日，四川省人民政府印发《四川省“十三五”知识产权保护和运用规划》（以下简称《规划》），明确了“十三五”四川省知识产权工作的总体要求和主要任务，即实施知识产权战略，深化改革，促进创新成果的知识产权化、产业化、商品化、资本化、证券化，营造良好的法治环境、市场环境、文化环境，促进知识产权与经济社会发展紧密融合，将四川建成全国一流的知识产权强省的规划目标。到 2020 年，四川省知识产权数量、质量，知识产权运用效果，知识产权保护环境，知识产权治理能力，知识产权服务能力均将在原有的基础上得到显著的发展、提高和优化。专利申请持续增长，发明专利申请年均增幅 12% 以上，每万人口发明专利拥有量翻番；商标有效注册量达到 60 万件；作品著作权登记量 4 万件/年，保持每年 20% 以上增速。自主品牌企业增加值占地区生产总值比重达 15% 左右，专利密集型产业增加值占全省生产总值的比重达 20% 左右，自主知识产权产品出口额占出口总额的比重达 50% 左右，5 ~ 10 个品牌进入全国品牌价值 500 强行列（四川省“十三五”知识产权保护和运用规划，2017）。

为实现上述规划目标，四川将进一步深化知识产权领域改革、完善知识产权法律法规和政策体系，通过统筹区域知识产权发展、保护知识产权、促进知识产权有效运用、提高知识产权创造水平、提升服务能力、人才培养和开放合作来开展知识产权工作，通过提升知识产权治理能力、促进产业转型升级、知识产权助推脱贫攻坚、知识产权严格保护、知识产权有效运用、知识产权综合服务、知识产权文化建设、知识产权人才培养八项工程实现四川知识产权强国的奋斗目标。以四川知识产权"十三五"规划为背景，以四川石油天然气装备制造业的知识产权战略选择、实施为具体的研究对象，将其置于国家制造业转型升级发展的大背景下，其研究不仅有利于四川两个跨越和西部经济强省目标的实现，而且也有利于提高石油天然气装备制造业知识创新和竞争能力，具有重要的现实意义。

1.3 主要研究内容与创新点

1.3.1 主要研究内容

本书立足我国经济发展模式转型和我国石油天然气装备制造业的现状，围绕知识产权战略管理的战略环境分析、战略选择、战略实施和战略绩效评价环节，结合我国石油天然气装备制造业知识产权战略实施的具体情况，力求寻找到其实施过程中存在的问题与不足，提出科学合理的管理建议。

第1章，绪论。主要分析石油天然气装备制造企业实施知识产权战略管理的现实背景，阐明了本书的研究理论与现实意义，明确了研究内容、研究方法、研究创新点与重点难点，是本书的基础部分。

第2章，相关概念与基本理论。在界定清楚石油天然气装备制造业的属性与知识产权特点基础上，围绕研究目标，系统地梳理了企业战略管理理论、企业知识产权管理、企业知识产权战略管理的内涵与作用，并对相关文献进行了研究，作为本书的基础理论和问题来源的基础。

第3章，石油天然气装备制造业知识产权战略管理环境分析。从内外部环境分析知识产权战略影响因素，利用 SWOT（Strengths Weaknesses Opportunities Threats，SWOT）战略分析方法将知识产权战略选择的内部条件与外部环境进行综合衡量，建立可供选择的四种战略模式，并以四川石油天然气装备制造业为例，构建了其知识产权战略选择模型。

第 4 章，石油天然气装备制造业知识产权战略管理体系构建研究。将知识产权战略管理内容与石油天然气装备制造业相结合，结合系统理论，从核心与支撑体系两个部分建立石油天然气装备制造企业知识产权战略管理体系。

第 5 章，石油天然气装备制造业知识产权战略选择研究。主要任务是构建石油天然气装备制造业的知识产权战略选择模型。首先对知识产权各战略模式的适用条件进行分析，在战略方法的应用研究上，分别引入 SWOT 与聚类分析法，结合四川石油天然气装备制造企业知识产权管理方面的情况，对以上战略选择模式进行了具体的应用研究。

第 6 章，石油天然气装备制造业知识产权战略实施研究。重点对石油天然气装备制造业的知识产权战略实施途径及保障措施进行研究，结合企业集成管理理论，从不同层面的主体出发展开对石油天然气装备制造业的知识产权战略实施路径研究。

第 7 章，石油天然气装备制造业知识产权战略绩效评价研究。重点是对石油天然气装备制造业的知识产权战略评价指标体系的研究，在借鉴现有评价指标基础上，从知识产权战略实施的创造、运用、保护和管理环节入手，在其指标体系中运用主观赋权法确定指标权重，对现有研究中指标层的指标进行权重排列，选取合适的指标，建立石油天然气装备制造业知识产权战略评价指标体系，并以四川宏华石油设备有限公司为例，对指标体系的应用进行了研究。

第 8 章，研究结论和管理建议。在系统梳理石油天然气装备制造业知识产权战略环境、体系构建、战略选择、政策支持体系、评价方法等方面的研究结论基础上，从一般到具体提出了提升石油天然气装备制造业知识产权战略管理水平的管理建议。

1.3.2 创新点

本书在国内外有关企业战略管理、知识产权等相关研究成果的基础上，综合运用系统科学、管理学、知识产权法学等学科知识，系统地对我国石油天然气装备制造业的知识产权战略管理进行研究。本书遵循了从基础理论、问题发现、模型解析与案例分析的研究思路，从知识产权战略的选择、制定、实施与评价几个方面来研究分析石油天然气装备制造业知识产权管理。

本书的创新点主要集中在：一是构建起了行业知识产权战略管理的内容体系。将战略管理的思想和内容融入知识产权管理中，从战略环境分析、战略选择、战略实施与战略评价等方面对石油天然气装备制造业的知识产权战略管理内容进行了重构，从而丰富了行业层面知识产权管理内容和理论体系。二是提出了石油天然气装备制造业知识产权战略管理体系。本书从战略管理过程着手，建构起了涵盖战略环境分析、战略选择、实施路径和绩效评价方法的知识产权管理体系，完善了石油天然气装备制造企业知识产权战略评价指标体系，丰富了石油天然气装备制造业知识产权战略管理的研究内容。

1.4 主要研究方法与技术路线

1.4.1 主要研究方法

1. 定性与定量相结合的方法。本书研究涉及战略环境分析、战略选择和实施效果评价等内容，涉及规范分析与定量分析，因此，主要的研究方法包括了定性分析和定量分析两种方法。定性研究主要应用于石油天然气装备制造业战略环境分析、影响因素界定方面；定量研究主要用于石油天然气装备制造业战略实施效果评价方面。

2. 系统分析与聚类分析。本书在对石油装备制造业知识产权战略环境分析过程中采用了大环境分析法（Political Economic Social Technological Environmental Legal，PESTEL）的系统分析方法，从政治、经济、社会文化、技术、环境、法律六个维度进行了系统分析，而在石油天然气装备制造业知识产权战略选择研究中则采用了聚类方法，提出了对石油天然气装备制造业知识产权战略选择方法的集合。

1.4.2 技术路线

本书技术路线如图 1－1 所示。

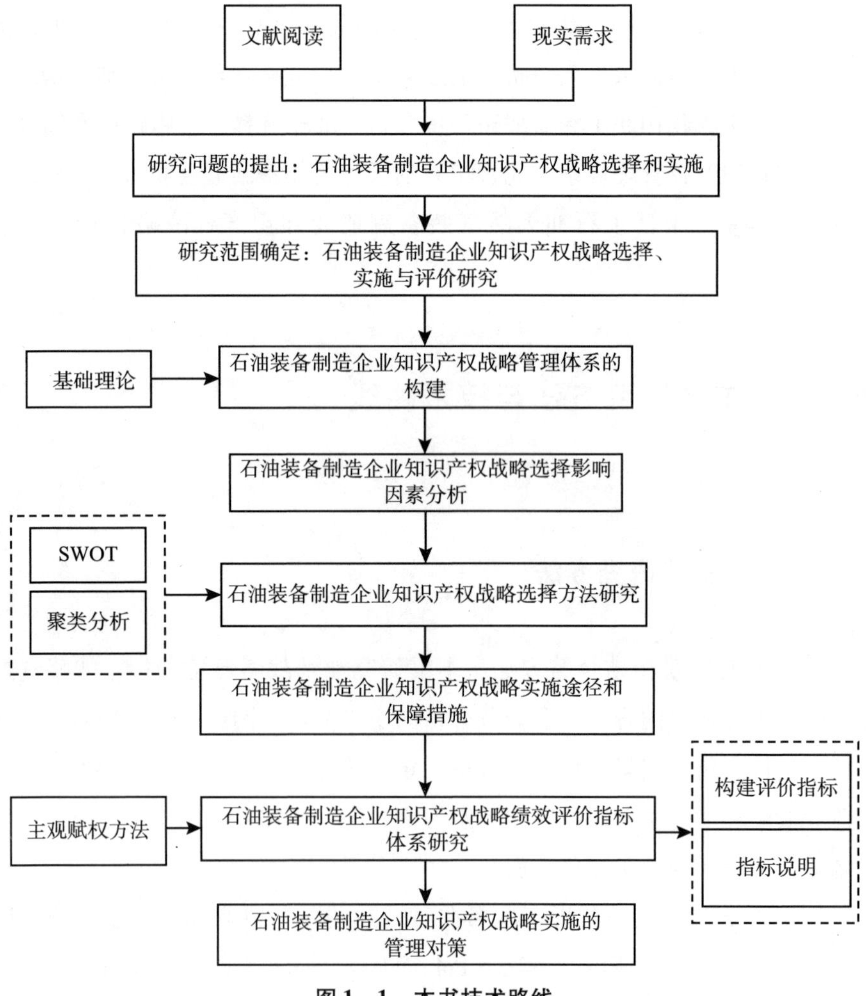

图 1－1　本书技术路线

1.5 研究的重点难点

1.5.1 研究重点

本书通过对石油天然气装备制造业知识产权战略环境的分析与影响因素的识别，建立石油天然气装备制造业知识产权战略选择模型并进行战略实施绩效评价。知识产权战略评价模型的建立需要对石油天然气装备制造业的知识产权战略管理环境进行充分分析，结合石油天然气装备制造业自身特点与实际情况，由专家对各因素进行权重排列，这是影响石油天然气装备制造业知识产权战略选择、实施和评价的关键因素，也就是说石油天然气装备制造业知识产权战略管理环境分析是本书研究的重点，是其后面战略选择、实施和评价的基础。

1.5.2 研究难点

从现有的研究可以看出，对于企业知识产权战略评价的研究无论是指标体系的确定，还是评价方法的选取，不同的学者看法不同，且不同的行业与企业，知识产权战略从制定、实施到评价的过程也不尽相同，如何将不同的指标体系、方法进行融合是本书研究的难点之一；知识产权战略从制定、实施到评价涉及具体的事实和不同的过程要素，在战略制定、实施和评价过程中既涉及对关键因素的筛选，也涉及方法选择。如何做到既能客观地反映客观事实，又能便于研究，两者之间的权衡是研究的另一难点。

第2章

相关概念与基本理论

石油天然气装备制造业是国家装备制造业的一个重要分支，石油天然气装备制造业的知识产权战略选择、实施和评价属于中观层面的行业战略管理范畴，是一种系统化的集成战略管理。正确而科学的石油天然气装备制造业知识产权战略管理是建立在企业战略管理、集成管理理论基础上，是相关理论与石油天然气装备制造业知识产权战略管理的结合和具体应用。因此，正确认识装备制造业的特点、发展趋势和相关理论是展开石油天然气装备制造业知识产权战略选择、实施和评价的基础与前提。

本章在对装备制造业、石油天然气装备制造业的内容体系、特点进行分析基础上，对企业战略管理、知识产权管理、知识产权战略管理、集成管理理论进行了系统的阐释，作为后续研究的理论基础。

2.1 装备制造业的定义与特点

2.1.1 装备制造业的定义

不同学者基于不同的研究目的，对装备制造业有不同的定义，通常认为装备制造业是为国民经济各部门简单再生产和扩大再生产提供技术装备的制造工业的总称，其产业范围涵盖了机械工业、航空、航天、船舶、兵器等制造行业和电子工业中的投资类产品。通用设备、专用设备、航空航天器、铁路运输设备、交通器材及其他交通运输设备、电气机械及器材、通信设备和计算机及其他电子设备、仪器仪表和文化办公用品等产品的生产均属于装备制造业的业务范畴（王威，2008）。人们习惯于将装备制造业分为一、二、三类，见表 2－1，分别对应重大装备、重要装备和成套装备，不同类型的装备制造业包括了不同的装备产品。

表 2－1　　　　装备制造业类型及内容

装备制造业类型	名称	内容
一类	重大装备	即制造装备的装备——工作“母机”，主要包括数控机床（Numerical Control，NC）、柔性制造单元（Flexible Manufacturing Cell，FMC）、柔性制造系统（Flexible Manufacturing System，FMS）、计算机集成制造系统（Computer Integrated Manufacturing System，CIMS）、工业机器人、大规模集成电路及电子制造设备等
二类	重要装备	主要是先进的液压、气动、轴承、密封、模具、刀具、低压电器、微电子和电力电子器件、仪器仪表及自动化控制系统等
三类	成套装备	如矿产资源的井采及露天开采设备，大型火电、水电、核电成套设备，超高压交、直流输变电成套设备，石油、化工、煤化工、盐化工成套设备，黑色和有色金属冶炼轧制成套设备，民用飞机、高速铁路、地铁及城市轨道车、汽车、船舶等先进交通运输设备，污水、垃圾及大型烟道气净化处理等大型环保设备，大江大河治理、隧道挖掘和盾构、大型输水输气等大型工程所需重要成套设备，先进适用的农业机械及现代设施农业成套设备，大型科学仪器和医疗设备，先进大型的军事装备，通信、航管及航空航天装备，先进的印刷设备等

资料来源：（1）孟卫东．装备制造业包含的主要内容［J］．汽车工艺与材料，2007（10）：41．（2）司林波．国内外装备制造业重点领域发展趋势研究［J］．燕山大学学报，2015（6）．

2.1.2　装备制造业的特点

1. 装备制造业范围广，产业关联度大，辐射效应明显

装备制造业不仅涉及机械加工业，还涉及材料、电子和机械零配件加工等配套行业，范围广、产业门类繁多。其发展具有明显的辐射效应，将带动

冶炼、材料、建筑、建造、电子信息技术、机械加工技术等相关产业的发展，关联效应明显，装备制造业的发展事关其他行业的装备水平和设备、设施的现代化，既是一、二、三产业健康发展的重要基础，也是一个国家科学技术发展水平的具体体现。

2. 装备制造业与劳动就业关系密切

虽然装备制造业正呈现出技术密集和资本密集的发展趋势，存在着资本和技术对劳动的替代，然而其组装的生产组织方式却需要大量的装配性工人，具有劳动密集性，对劳动力需求量大，其发展不仅会促进一个国家和地区经济的发展，而且还会创造与之相关的就业机会，从而促进当地就业的增长。装备制造业的发展不仅可以直接吸纳大量劳动力，而且由于装备制造业前后关联度较高，围绕装备制造业的发展将会出现集聚效应，带动相关产业的发展，从而增加相关产业的就业人数。

3. 装备制造业发展有利于生态环境的改善

装备制造业是环境友好型产业。在资源、环境双重约束下，装备制造业的低碳、环境特征决定了装备制造业的竞争优势，大力发展技术密集型的装备制造业是人类社会可持续发展的必然选择。装备制造业作为技术密集工业，万元产值消耗的能源和资源在重工业中是最低的，因此备受欢迎。除此以外，随着装备制造业不断吸纳高新技术、信息技术、软件技术和先进制造技术，技术装备日趋软件化、信息化，先进的装备制造业将会更多进入高技术产业范畴，以更少的资源消耗为社会创造更多的经济价值，其环境效益明显。

4. 装备制造业的发展事关国家经济安全和综合国力

装备制造业的发展水平反映出一个国家在科学技术、工艺设计、材料、加工制造等方面的综合配套能力和整体实力。如果一个国家能够在一些关键技术、关键材料和关键工艺上取得新的突破，并迅速形成生产能力，完成其产品化，那么其产品和服务将会在市场上形成核心竞争力，带动其他产业的发展，从而促进一个国家的整体竞争能力。

5. 装备制造业呈现出全球化的发展态势

由于现代技术革命与高新技术的出现和信息网络技术的广泛运用，装备制造业所涉及的概念和领域正逐渐发生着巨大的转变，在世界范围内获取资源并对资源进行整合已经成为一种新的生产组织形态。受全球资源整合理念的影响，装备制造业的技术研究、开发、生产以及销售价值链在全球范围内重组也成为一种新的潮流。在世界范围内，不同国家和地区的企业进行深度合作和专业分工趋势十分明显，装备制造业全球化发展的产业组织化生态正在逐渐形成，国家与国家、企业与企业之间在不同层面和不同环节的分工合作已经成为装备制造业新的发展方式。

2.2　石油天然气装备制造业的内涵与产品类型

2.2.1　石油天然气装备制造业的内涵

石油天然气装备制造业属于装备制造业的重要组成部分，是按服务对象不同进行划分而得到的，其主要是为满足石油、天然气等勘探、开发、储运、炼化、销售的发展需要，是为其提供各类技术装备、服务的制造业的总称。与整个装备制造业一样，不断追求技术进步，提升其竞争力是石油天然气装备制造业的本质性特征。石油天然气装备制造业受制于石油、天然气产业的发展，与石油、天然气产业的关联度大。一方面，石油天然气装备制造业集成性强，涉及机械科学、制造技术、信息处理与控制技术、材料技术，是众多学科知识和技术发展的共同结果；另一方面，由于石油、天然气产业涉及勘探、开发、储运、炼化和销售等环节，产业链长并且各环节之间关系密切，石油、天然气产业生产活动固有的复杂性决定了石油天然气装备制造业具有产品种类多、技术密集、资金密集、专业性强、设备成套性强、信息化技术高、对外合作和协同性要求高的特征。石油、天然气在世界能源体系中的重要作用和地位决定了石油、天然气勘探、开发、储运、炼化、销售环节的重要性和战略地位，先进、科学的石油天然气装备制造是我国石油、天然气安全生产和供给的前提保证，其发展决定了整个能源行业的发展。在国家大力发展装备制造业的背景下，石油天然气装备制造业也将迎来一个新的历史发展机遇。

2.2.2 石油天然气装备制造业的产品类型

虽然石油天然气装备制造业是石油、天然气产业发展的基础，但是石油、天然气产业的发展和需求特征决定了石油天然气装备制造业的产品类型。总体上，石油、天然气产业涵盖了地质、勘探、开发、储运、炼化、销售等环节，具有流程关联性强、技术复杂、个性化需求高的典型特征。一般根据石油、天然气产业链的基本属性和生产内容，可以将其分为上、中、下三个不同的环节。上游环节的主要任务是石油、天然气资源的勘探、开发；中游环节的主要任务是石油、天然气资源的钻采、预处理；下游环节的主要任务是石油、天然气资源的储运、炼制、深加工和成品销售、供给。与石油、天然气生产的上、中、下游环节相对应的石油天然气装备也有所不同。对应上中游环节的石油天然气装备制造产品统称为石油勘探、开发设备，包括物探设备、测井设备、钻井设备、采油、采气设备、井下作业设备、油气集输设备、海洋钻采平台设备等；对应下游环节的石油天然气装备主要有石油、天然气炼化加工、转化全过程的成套设备，既包括通用的工艺压缩机、膨胀机、泵和阀门，也包括专用的反应器、塔器、换热设备、工业炉、储运设备、专用机械等。根据石油天然气装备的特点和功能不同，石油天然气装备制造业具体分为物探、测井、钻井、采油、炼化、海洋、石油管材和动力八个门类。为了便于统计分析，中国石油和石油化工设备工业协会将石油天然气装备分为石油钻采设备、炼油化工设备、海洋工程设备和金属压力容器四个分行业。虽然分类方法不同，但石油天然气装备贯穿于整个石油天然气的各个环节却是不争的事实，不断地进行技术创新，不断地提高石油天然气装备水平，更好地为石油天然气产业的发展提供更有效率的装备是整个石油装备制造业发展的永恒主题。

2.3　企业战略管理理论

2.3.1　企业战略管理发展历史

一般地，随着企业外部环境的日趋复杂，企业战略管理成为决定企业成败的关键，引起人们的高度重视。企业战略管理（Strategic Management）是企业或组织为实现其自身的长远发展目标，解决组织竞争力来源和协调内外部资源的问题，对资源调配所作出的全局性的计划与决策。战略管理理论始于 20 世纪 60 年代并被广泛地应用于企业的管理实践之中。美国管理学家艾尔弗雷德·钱德勒（Chandler，1962）的《战略与结构：工业企业考证》是战略管理的开山之作，开启了战略管理研究的一个新的时代。经过多年的发展，战略管理理论已经形成了行业结构、核心能力和战略资源等多个学派，共同促进了战略管理理论的发展。

迈克尔·波特（Michael Porter）是行业结构学派的代表人物，是产业组织理论与企业竞争战略理论集大成者，战略制定过程与实施过程有机地结合深化了人们对企业竞争行为和竞争能力形成的认识，其有关企业所参与的行业结构，所在行业环境决定了企业战略的选择与实施的观点引起了人们对行业环境与企业战略管理关系的重视。核心能力理论学派强调企业所拥有的关键能力是企业战略管理的核心要素，企业核心能力决定了企业在市场上的竞争能力，是企业实现战略目标的关键性要素和资源。企业所拥有的关键能力有别于竞争对手，必须是竞争对手或其他企业难以简单复制、难以模仿的能力，是企业竞争力的表现。战略资源学派认为企业战略管理的主要内容是企业战略资源的识别、规划和优化配置，优化配置战略资源的能力本质上是企业竞争力。战略资源学派理论视企业优化资源配置的能力为核心能力，优化资源配置的能力高低与企业员工、领导者的能力密切相关，被竞争对手模仿的可能性小，并且这种能力可以在不断地学习与积累中得以突破和提升，具有动态性特征。

2.3.2 企业战略管理的基本特征

企业战略管理强调的是企业的长远利益，具有系统性、艺术性和科学性的特征。

1. 企业战略管理的系统性特征。从战略管理过程来看，战略管理主要包括战略环境分析、战略目标制定、战略实施和战略评价等阶段。战略管理不同阶段的总体目标都是为实现企业战略目标，完成使命而采取的一系列策略性行动，战略环境分析、目标制定、实施和评价之间协调统一，相辅相成才能保证战略目标的顺利实现。战略环境分析决定了战略目标的制定，而战略目标的制定是战略实施的基础与前提，是方向性的，必须保证其科学性。战略实施是战略评价的依据，而战略评价反过来为下一轮的战略环境分析和目标制定及实施提供相关资源。从战略层面上来看，战略管理要求组织的各个层面要协调统一，中短期战略要与长期战略统一，上层战略要与下层策略相统一，战略目标与组织使命相统一，多个层面的战略协调统一客观上决定了企业战略管理的系统性。因此，企业战略管理是系统性思考的行动和结果。

2. 企业战略管理的艺术性特征。管理是一门艺术的性质决定了战略管理的艺术性特征。企业战略管理是战略管理思想融入企业管理实践的结果。战略环境分析、目标制定、实施和战略评价本身就是一门艺术。多阶段要协调统一、相辅相成、融为一体，不仅需要设计者具有一定的想象力和创新能力，也是管理者抽象问题的能力的具体体现，而且需要随时保持战略管理的动态性，需要战略管理者对战略的系统要素有全面的认识，对环境信息具备高度的敏感性，从而能够从复杂的环境中抓住获得竞争力的关键资源，保持战略的动态平衡。企业战略管理是对人的管理，无论是战略制定、实施与评价都离不开人的作用和影响。人是最为复杂的要素，是最重要的资源，战略管理中对人和其他资源的运用都包含了战略管理的艺术性。

3. 企业战略管理的科学性特征。为了更好地运用战略，我们需要从政治学、经济学等其他学科中去学习，是多门学科的综合运用。企业战略的本质是一种博弈，是一种尚未看见目标的策略博弈（杨纬隆，林健，2006）。博弈必然带有一定的风险性，在思考与部署战略时要重视思维的逻辑性与系统性，在战略制定时，需要对战略进行科学合理的环境分析，客观地对外部因素进行分析，从系统的角度去认识组织的核心要素，并抓住关键因素，用科学合理的方法降低博弈所带来的风险。战略管理的动态平衡要求决定了战略管理的动态性，在保持战略稳定性与动态性之间存在着平衡问题，要能够灵活地应对内外部环境的变化，抽象出战略管理过程中所遇到的问题，贯彻“动静结合”的原则（蓝海林，2015），以充分体现企业战略管理的科学性。

2.3.3　企业战略管理发展新趋势

在企业战略管理理论发展过程中，各学派争论的焦点主要集中在战略资源与战略环境上，但不管是战略资源还是战略环境，企业在战略管理过程中都必须具备战略因素分析的能力。战略管理的过程可以说是战略管理工具的应用过程。如果将企业战略管理视为一个过程，那么战略环境分析是实施企业战略管理的首要环节，是制定战略的前提与基础，是战略管理工具的第一个应用阶段。

目前，战略环境分析的方法基本成熟，在分析企业的战略环境与战略资源时，多种战略分析方法的混合使用已经成为一种趋势。在战略环境分析工具中，PEST 要素分析法是大家所认同的一种应用广泛的方法，这里的 P，E，S，T 分别指政治（Political Factors）、经济（Economic Factors）、社会和文化（Social and Cultural Factors）和技术（Technological Factors），这种分析方法侧重于分析企业的宏观环境与背景状况对企业战略目标、战略制定的影响。

SWOT 分析法是战略设计学派提出的最具影响力的另一种方法，SWOT 通过对组织内部具有的特色竞争力、所处环境的关键因素的综合分析来确定组织战略方向选择的管理分析工具。在 SWOT 的内容中，注重企业长短优势之间的互补性，在分析了组织的环境影响要素后，强调根据内部资源与外部环境的匹配性来选择合适的企业战略。SWOT 被广泛应用于企业战略管理中，任何一种战略理论的分析都渗透着 SWOT 思想（姜军，2014）。

PEST 和 SWOT 分析方法因为缺少定量的分析，其应用过程受制于定性分析，缺少客观数据支撑，影响着其可验证性，导致其科学性大打折扣。与此同时，当存在多个战略可供选择时，没有可参考的标准来评价竞争性战略之间的优劣、好坏，其选择的结果依赖于决策者的主观判断，影响了其客观性。随着企业经营环境的变化，企业战略管理实践不断出现新的问题，这些问题的出现客观上要求企业战略管理研究必须关注现实。近年来，随着企业经营环境的进一步复杂化，战略决策的内外部环境与企业竞争力的关系，国际化战略和跨国公司战略选择，战略联盟与协同创新等问题已经成为企业战略管理理论研究的重点。

在企业战略管理中，内外部因素中的环境、资源和能力都是重要的战略分析因素。如果以“创新”的“动态能力”能够创造竞争优势为基础前提而提出企业内部的资源和能力是独特、稀缺的，是企业的核心能力的来源，那么企业战略的形成起决定作用的是企业的内部因素。中南大学关健教授从盈利持续性入手，以产业组织理论和资源基础观为视角，以机械制造业上市公司为研究对象，分析了企业盈利持续过程中行业和企业层面因素的作用程度，研究发现在中国转型经济背景下，行业和企业层面因素均正向影响盈利持续性，并且企业的主体效应更为显著（刘云芳，周英超，范黎波，2014）。

随着全球经济一体化的发展与中国的改革开放，企业战略管理的国际化问题成为热点，跨国经营、区位选择、海外并购问题都需要企业以战略管理理论为指导。一些学者主张从“人文因素”入手，解决中国企业战略管理的国际化问题。徐二明等学者认为中国管理研究缺乏真正的人文关怀，真正的人文关怀应该更注重“文化、心智模式、制度和管理”，并把几个方面的内容结合起来融入到企业的战略管理体系中。王方华指出从系统视角思考中国文化跟以西方文化为基础发展起来的战略管理理论的相同之处，是中国企业国际化进程中企业战略管理的重要内容。叶广宇从母国制度环境角度思考企业动态能力，发现母国制度环境与区位选择之间仅仅存在着间接联系，真正影响企业战略选择的根本原因是企业本身的动态能力（刘云芳，周英超，范黎波，2014）。

一直以来，创新是管理理论的热点问题。随着知识经济时代的到来与社会分工的逐渐细化，组织间交流互动越来越频繁，创新活动过程也越来越复杂。“协同创新”理论的提出是以企业追赶现代科技发展的步伐为前提条件的。1965 年，Ansoff 首次提出了协同的概念，强调两个企业之间共生互长的关系是建立在资源共享的基础上，除以资源共享为基础的协同创新外，还有以产业技术需求为导向的协同创新，以风险分担与利益共享为基础的协同创新（Ansoff，1965）。目前，协同创新的主体呈多元化趋势，由单一企业内部到企业间，再到产业内的协同创新（苏屹，2013）。当两个或两个以上的企业，以资源共享，或为满足技术需求，或为共同分担风险、共享利益为基础而进行协同创新，就可以通过各种协议、契约而结成战略联盟，以实现共同的战略目标，也就是说多主体之间进行协同创新将成为企业在复杂环境条件下，为满足社会需求而出现的一种新的合作模式，这种合作模式是企业战略管理研究的新内容。

2.4　企业知识产权管理的基本理论与现状分析

2.4.1　知识产权管理的概念

企业知识产权管理有狭义和广义之分。狭义层面的企业知识产权管理强调的是企业对知识产权的日常管理，以知识产权的事务型管理为主（侯圣和，2011），如知识产权申请、法律维权等基础性管理工作；广义层面的企业知识产权管理是从战略管理层面去看待企业的知识产权。知识产权管理是企业为规范企业知识产权工作，充分发挥知识产权制度在企业发展中的重要作用，促进企业自主创新和形成自主知识产权，推动企业强化对知识产权的有效开发、保护、运营而对企业知识产权进行有计划的组织、协调、谋划和利用的活动（冯晓青，2005）。

根据知识产权管理主体与管理路径的不同，可以将知识产权管理分为宏观层面的政府知识产权管理，主要包括各种知识产权制度安排；中观层面的行业知识产权管理，主要包括行业层面的知识产权发展规划；微观层面的企业知识产权管理，主要包括国家和行业有关知识产权制度、规划的具体实践。

宏观知识产权管理具有对内、对外两个维度，立足于对内层面的知识产权管理是政府机构为维护知识产权权利人的合法权益，推动国内知识产权管理工作，通过制定本国的知识产权法律法规、制度方针的行政管理与司法活动；立足于对外层面的知识产权管理是政府机构从国家利益角度出发，运用国际知识产权规则，应对国际市场竞争，提高本国核心竞争力的国际活动。

行业层面的知识产权管理主要是引导和规范行业的知识产权活动，督促行业内各企业自觉遵守行业知识产权规则，集合行业的整体力量解决影响行业竞争能力的重要问题，以提高行业的整体竞争力，联合各企业共同应对国际知识产权竞争，实现各企业的共同利益。微观层面的知识产权管理多表现为企业知识产权管理，是企业为提升自身知识产权创造、保护、经营的能力而进行的综合性管理和谋划活动（姜军伟，2013）。

企业知识产权管理的主要内容是对企业知识产权进行开发、保护与运营，实现知识资源的有效配置，利用知识产权开拓市场，挖掘知识产权巨大的商业价值。善于开发、保护、运营知识产权的企业与国家，能够在现代企业的经营管理与国际市场竞争中充分地拓展自己的市场空间和技术空间，获得市场和竞争的主动权。以美国、日本、韩国为例，他们都非常重视知识产权管理的研究和运用。目前，以专利为核心的知识产权是美国参与国际市场竞争的主要手段，在世界 100 家申请专利的企业和 100 个品牌价值最高的企业中，美国企业和品牌占到了半数以上（侯圣和，2011）。日本以知识产权立国，是亚洲目前实施知识产权管理最成功的国家，是技术输出大国之一；韩国依托知识产权管理迅速崛起，韩国知识产权主体在国际市场中逐渐增多，国际竞争力也在不断提高。美国、日本、韩国三个国家政府和企业在知识产权管理方面的一些先进做法为我国政府的知识产权管理和企业知识产权管理提供了经验，值得我们学习借鉴。

2.4.2　企业知识产权管理的内容体系

企业是参与市场竞争的主体，是知识产权创造、开发、利用的主体，其管理水平决定了一个国家和地区的整体知识产权竞争能力。企业知识产权管理内容包括知识产权开发、保护和运营等，知识产权开发、保护和运营共同构成企业层面的知识产权管理的内容体系。

1. 企业知识产权开发

企业知识产权的开发是企业获取知识产权的过程，包括知识获取、转化与创新，知识获取是在确定组织内外部环境下，将知识转移到组织内部，融入到组织内部的生产经营活动中，使之成为组织所利用知识的过程（吴金希，2005）。企业可以从内部员工、顾客、高校、科研机构、供应商等个体和组织当中去获取知识。在知识转化与创新过程中，知识要经历从隐性知识到显性知识 SCEI（Socialization，Externalization，Combination，Internalization）的过程，在该过程中也会产生知识产权，然而知识产权须经国家相关管理部门的授权和许可，因此，企业知识产权的开发还包括了知识产权申请行为，如专利申请、商标申请等。知识产权的申请行为目的是将企业在生产实践中获取的知识或创新成果转化为知识产权并加以保护，并最终获取知识创新的收益。

专利的数量与质量是企业知识产权开发能力的具体体现，与企业产品和服务直接相关的专利更能体现企业的市场竞争力。较强的专利开发能力不仅是企业知识产权开发优势的体现，也是企业知识产权开发的重点和根本性目的。专利开发需要从技术、市场、法律、标准进行定位，企业应根据自身规模与实力选择合理开发途径（陈伟，2008）。以最低的成本去获取知识并以此为基础去提高企业的自主创新能力，是企业知识产权开发的主要目标和决策标准。

2. 企业知识产权保护

知识产权保护涉及知识产权申请、控告和侵权管理，是通过知识产权布局，建立知识产权保护网，在保护自身知识产权不受侵害的同时以回避自身产品或技术的侵权可能性（冯晓青，2012）。知识产权保护除了在侵权与应对侵权诉讼时表现其功能外，在日常的知识产权维护中也具有重要的作用。

知识产权保护以知识产权保护制度为基础，强调不同行业知识产权的法律保护意义。以赫尔普曼（Helpman，1993）为代表的经济学家认为知识保护具有一定的负面作用，通过推导南北框架下技术进步模型的稳态均衡解，证明严格的知识产权保护强化了产权所有者的垄断权力、削弱了研发的利润激励（王华，2011）。一些学者试图从非线性视角解释理论研究结论的不同，他们认为尽管知识产权的“专属效应”有利于激励技术创新，但过强的知识产权保护使得北方国家依赖专利保护而缺乏创新。国内学者也逐渐意识到知识产权保护与共享制度之间对创新的不同作用和影响。我国是发展中国家，国家发展水平不同，适用的最优知识产权保护力度应有一定的差异（王华，2011）。目前，知识产权保护仍是主流趋势，如何在保证创新主体从研发中获得足够多的利润以激励其创新研发的同时，减少因为过度知识产权保护所带来的创新阻碍是知识产权保护应妥善处理好的平衡关系（宗庆庆，2015）。由此可见，知识产权保护是一把双刃剑，具有激励与约束的两面性，不保护或保护过度都会对技术创新造成不利影响，因此，适度的知识产权保护既是中间策略，也是一种最优策略。知识产权保护制度应兼顾好保护与不保护两者之间的关系，既不能保护过度，也不能忽略知识产权私有性所带来的回报和对创新主体的激励作用，而不予以保护。

3. 企业知识产权运营

知识产权运营是当今知识经济发展和经济全球化背景下知识产权发展的必然方式。企业知识产权运营是指知识产权权利人利用国家有关知识产权保护制度，通过知识产权的交易、流通、质押融资或股权融资等方式，获得财产收益的专业化管理（冯晓青，2012）。以美国为首的知识产权大国，国家和企业十分注重知识产权的运营，知识产权整体运营能力强。目前，知识产权运营已经发展成为服务业，产生了一些影响力较大的实体，如美国高智发明公司、德国史太白技术转移中心等知识产权运营公司。除知识产权服务机构外，知识产权运营主体包括企业、高校、科研院所等创新主体。知识产权运营是将企业的知识产权充分利用的过程，需要一些知识产权制度与法律为支撑，也是知识产权保护的一种方式。知识产权运营的传统模式有知识产权交易、转让、许可等，为进一步鼓励创新，驱动发展，我国政府鼓励企业采用知识产权质押、证券化等现代模式，以丰富企业知识产权营运方式，提高企业知识产权运营水平。

2. 4. 3　企业知识产权战略管理体系的特征

企业知识产权管理体系是从战略层面，以系统化理论为指导，将企业知识产权管理理念、管理组织、管理人员、管理制度等视为一个整体而进行系统化管理。企业知识产权战略管理体系构建服务于企业知识产权战略管理目标。虽然不同的企业知识产权管理的使命、目标是不同的，但通过企业的知识产权管理体系的构建可以实现企业技术创新能力提升、防范知识产权法律风险、实现企业的知识产权保值增值，实现企业知识产权利益最大化，从而为企业赢得竞争优势（冯晓青，2012）。企业知识产权战略管理体系具有系统性、专业性和多样性三大典型特征。

1. 系统性

首先，企业知识产权管理体系不仅是研发或生产某一个方面的活动，而且是企业管理的子系统，贯穿于企业研发、生产、采购、销售、进出口等不同环节，其管理不仅是知识产权管理部门的职责，而且涉及企业各个方面和每一位员工。其次，企业知识产权战略目标、使命的实现不仅需要企业内部各个部门参与，不断地对企业知识产权进行挖掘和总体部署，而且需要全体员工共同努力，在相同的知识产权价值理念的作用下全身心地投入到企业知识产权开发、保护、运营和风险防范中去，以实现企业知识产权战略目标。

2. 专业性

知识产权制度是西方发达国家在高度分工和大工业生产方式下产生的法律、文化制度（冯晓青，2007）。一方面知识产权制度是市场经济发展的结果，与一个国家的经济社会分工程度密切相关。相较于西方发达国家的知识产权制度，中国的知识产权制度建设起步较晚，在市场经济发展初期，许多企业的知识产权意识薄弱、知识产权创造能力不强是我国企业知识产权管理的基本特征。据国家知识产权局的统计，截至2005年底，共有110112家企业提出了专利申请，而据国家工商总局统计数据，2005年末在全国工商行政管理机关登记的企业为805.7万户，仅有约1.4%的国内企业进行了专利申请，其专业性有待进一步加强。另一方面专利、品牌及商标作为专项知识体系，许多知识产权文化理念、制度规范和经营管理需要专业性人才对其进行管理，在美国、日本、欧洲等经济发达、知识产权优势明显的国家，知识产权的管理、经营及诉讼处理均是由专业人士来承担，凸显了其专业性。所以，企业知识产权管理体系必然体现出以专业机构及专业人士为主进行建设、管理和负责的特点。

3. 多样性

不同的企业因行业、资源基础和能力的不同而创设的管理体系也存在着显著的差异，如高新技术企业与资源加工型企业。即或同为高新技术企业，生产制造型企业与软件开发型企业的管理体系也会有所差异。不同行业、不同类型、不同业务、不同使命和理念的企业决定了其市场结构和竞争要素的不同，其对企业的技术创新和知识创造也是不同的，相应地，其知识产权管理体系在目标、模式、路径等方面也应有所不同。虽然企业知识产权管理体系存在系统性、专业性的共同特点，但世界上绝不会存在一个统一而正确的知识产权管理体系或模式。企业需要寻找到适合自身发展需要、适应市场竞争、促进科技创新、拓展国际贸易、适应企业战略发展的知识产权管理体系。

2.4.4 企业知识产权战略管理体系的理念

企业知识产权管理体系的建立、健全和不断完善是动态的，是一个过程，是以一定的指导思想和基本原则为指导的，衍生于企业的战略管理理念。一般地说，企业知识产权战略管理体系构建的目的是服从于企业的生产经营目标，企业知识产权战略管理理念内生于企业的战略管理思想和目标。事实上，只有保持企业知识产权战略管理理念与企业经营理念的一致，并服务于企业的经营目标，企业的知识产权管理体系才会有存在的基础和价值，企业只有从知识产权管理中获得价值，企业的知识产权才能得到不断地发展，企业的知识产权管理才能获得良好的环境和条件支撑。

1. 系统思维与目标管理的战略理念

系统思维要求企业必须将知识产权纳入到整个企业的战略、使命、愿景、价值观等诸多方面进行系统考虑。企业知识产权的积累、无形资产的管理是一个长期而艰巨的过程，只有勇于探索的企业才能获得丰厚回报。知识产权管理需要注入目标管理的理念。创造顾客，为顾客提供有价值的产品和服务是企业管理的根本性目标。既然企业的目的是为顾客提供有价值的产品和服务，那么市场营销和技术创新就是企业的两项基本功能。

目标管理是不断通过对顾客和市场需求变化的分析，根据企业自身的资源和条件设立不同的目标，以吸引员工参与目标的实现过程。目标管理的运行原则是导向具体目标的自我控制。正如管理大师彼得·德鲁克（Peter F. Drucker）所指出的一样，目标管理是用自我管理替代他人管理，可以有效地激发人们的潜能，从而实现更好的组织绩效。将系统思维方式和目标管理应用于企业知识产权战略管理，那么企业的知识产权战略管理就是系统化的，具有整体性，设立边界清晰的目标将有利于企业的知识产权创造、开发、应用、保护和运营等工作的开展。

2. 专业管理与分工合作的管理理念

企业知识产权战略管理内容的多重性决定了其战略目标实现过程中的专业分工和合作的重要性。在企业知识产权战略生产管理实践过程中，不同的因素将会影响和制约着其分工合作的效果。目标管理可以培育团队精神和改进团队合作。如果没有方向一致的分目标指导员工工作，则企业的规模越大、人员越多、专业分工越细，发生冲突和浪费的可能性就越大（刘玉玲，2012）。因此，立足于企业知识产权战略管理应根据知识产权所固有的特征，在统一的企业知识产权战略管理目标指导下，充分发挥专业管理的作用，密切关注部门之间的合作，做到专业分工与合作的统一，形成优势和合力，共同促进企业知识产权战略管理目标的实现。

3. 高效运作与保值增值的经营理念

创新是管理者的责任和义务，是管理者根据社会需要，对企业自身所拥有的资源进行优化重组的活动，其最终体现在企业的持续盈利机会和能力上。随着知识经济的全球化发展，知识产权日益成为国家发展的战略资源和国际竞争力的核心要素，深入实施知识产权战略是全面深化改革的重要支撑和保障，是推动经济结构优化的重要举措（冯晓青，2013）。《行动计划》要求到2020年，市场主体运用知识产权参与市场竞争能力将明显提升，知识产权投融资额将明显增加，知识产权市场价值将充分体现。由此可见，在企业知识产权管理体系建设过程中，在注重知识产权创造、开发的基础上，应强化知识产权运营，以充分发挥知识产权的市场价值，通过科学、合理的知识产权运营，提升其市场价值，获取知识创造和技术创新应有的市场回报。

2.4.5 企业知识产权战略管理的属性

企业为获取与保持市场竞争优势，在国家有关的知识产权制度框架内，对企业所有的专利、商标、品牌进行确权、运用、保护和运营，从而将企业所拥有的知识产权资源优势转化为一种经济优势，这是在市场经济条件下，企业的一种战略管理行为。

1. 企业知识产权战略管理的法律性

企业知识产权战略是以国家知识产权法律制度为基础和前提条件。一方面，企业知识产权战略必须置于法律规范特别是知识产权法律规范的制约下，法律规范是制定企业知识产权战略的行为规则；另一方面，知识产权法律规范对实现企业知识产权战略目标具有可靠的保障作用，企业知识产权资源的开发利用与优化配置，是有效的知识产权法律保护和知识产权战略性运用的共同结果，两者缺一不可（冯晓青，2000）。知识产权本质上是一种法律制度，政府知识产权战略的主要任务就是建立和完善知识产权法律法规，为企业和个人创造良好的创新环境和市场环境。知识产权战略在实施的过程中也涉及一系列的知识产权法律制度及相关国际规则，法律属性特征明显。

2. 企业知识产权战略管理的保密性

企业知识产权战略与企业经营战略直接相关，实际上也是企业整体发展战略的组成部分。企业知识产权战略的实施涉及企业经济和科技情报分析、市场预测、新产品动向和经营者在某一阶段的经营战略意图，如果被企业竞争对手掌握，将对企业造成极为不利的影响。因此，企业战略必须对带有商业秘密性质的内容加以保密，因此企业知识产权战略具有保密性的特点（冯晓青，2000）。

3. 企业知识产权战略管理的时间性和地域性

从时间角度看，与某一知识产权战略相应的知识产权期限届满或因故提前终止，相关的知识产权战略就应及时调整；从地域性角度看，企业在制定、实施知识产权战略时应考虑到知识产权的权利产生地，企业在实施国际知识产权战略，开拓国际市场知识产权的地域性显得尤为重要（冯晓青，2000）。知识产权是依据知识产权法及相关制度赋予权利人的特定权利，他人实施利用其知识产品时要得到权利人的许可并支付一定的费用。不同层面的知识产权战略管理的实施将进一步提升知识产权的综合运用能力和竞争力，赋予知识产权更好的经济效益，对知识产权权益主体形成经济激励。

4. 企业知识产权战略管理的非独立性

企业知识产权战略属于企业经营发展战略的一部分，虽有其自身的一定规律和特征，具有一定的独特性，然而，企业知识产权战略管理的目标决定于企业其他战略的相互作用和影响。以企业知识产权战略中的商标战略为例，它与企业市场营销战略、广告宣传战略、市场竞争战略、企业形象战略紧密相关（冯晓青，2007）。知识产权战略通过相应的制度、政策与法律等对国内的知识产权的权利人和相关人的利益进行调整，同时也涉及跨国公司的知识产权利益与国内相关者的利益之间的平衡问题。一些“知识产权大国”通过外交与贸易手段对其他国家的知识产权战略的实施施加压力。因此，国家知识产权战略都必须考虑国家的外交、外贸等政治目的，在保证自身利益的同时避免与其他国家的外交与外贸政策冲突。

2.4.6 企业知识产权战略管理的内涵

国资委牵头承担的“企业知识产权战略与管理指南”提出了构建以企业为主体的自主创新体系的工作目标，认为提升企业知识产权创造、应用能力，不断完善知识产权管理机制是国家知识产权管理工作的重点。以企业为主体的自主创新体系的构建是建立在企业知识产权战略管理基础上的。传统观点认为企业知识产权战略管理与企业知识产权管理类似，知识产权战略管理就是知识产权创造、知识产权保护和知识产权的转化与应用。虽然企业知识产权战略管理离不开企业知识产权管理，然而两者却有本质的区别。总体上知识产权战略管理涵盖了国家、区域、行业和企业四个主体。

国家层面知识产权战略管理是指政府专业管理部门立足国情，立足整个国家核心竞争能力的提升和良好法治秩序的形成，对国内区域、行业与企业的知识产权发展方向与知识产权管理提供指导方针和制度安排。

区域层面的知识产权战略管理是指在国家知识产权制度框架内、与特定区域内发展相关的知识产权政策和规划，目的是推动本区域的经济、文化等各方面的发展。以上海为例，在其区域内的知识产权战略管理能力处于国内领先水平，率先在国内推出了由上海市政府制定的《上海知识产权战略纲要》，以“专利管理工程师”制度的建立，为上海市经济、科学技术的发展提供良好的制度环境。

行业层面知识产权战略管理是指针对特定行业制定与实施知识产权战略规划，其主要任务是帮助行业内的企业提高知识产权管理能力，提高行业整体竞争水平。

冯晓青在《知识产权战略》一书中将企业知识产权战略管理定义为企业在对其内部条件的优势和劣势以及外部环境的机会和威胁进行把握的前提下，确定知识产权战略目标和指导方针并制定有效的知识产权战略，以实现企业知识产权战略目标的管理决策、程序和行动。他还指出知识产权战略管理是一个系统，包括战略分析、战略选择、战略实施和战略评价相互联系的运行过程（冯晓青，2013）。关于实施国家与企业层面的知识产权战略目的，徐明华在《关于知识产权战略与国际竞争力的理论探讨》一文中概括为两点：一是要加速知识产权制度建设和知识产权综合能力的提高，并通过提升本国拥有的知识产权数量和质量，进一步增强核心竞争能力；二是要适应世界知识产权制度的变革和发展，与世界知识产权制度接轨，扩大国际合作与交流，积极参与国际规则的调整与制定，维护自身利益，保障经济安全。

根据众多学者对知识产权与战略管理的研究成果，结合管理学理论中对企业战略构成要素的观点，本书将企业知识产权战略管理定义为：在战略管理思想指导下，以企业为实现企业知识产权战略的目标，获取与保护市场竞争力，通过审视企业外部环境，结合自身状况，制定并实施企业知识产权战略管理的过程，涵盖了企业知识产权创造、应用、保护和运营等环节，包括了企业知识产权战略环境分析、战略选择、实施、评价等内容。

2.4.7 企业实施知识产权战略管理的现实意义

1. 知识产权战略管理有利于企业自主创新能力的提升

企业知识产权战略管理与创新驱动发展之间有紧密的联系（吴汉东，2011）。实施技术创新、知识创新的同时，完善创新评价机制、激励机制、转化机制，提高科技水平，推动创新成果产业化，对提高企业自主创新能力有极大的作用。企业知识产权战略本身属于广义上创新战略的范畴。知识产权战略落实到企业层面时，知识产权战略不仅是具有应对外部专利进攻等防御与保护功能，对内也是鼓励企业自主创新，激励发明创造的主要形式。一定数量与质量的知识产权是企业知识产权战略的基础，企业知识产权的质量与数量与企业的创新能力紧密联系；反过来，创新激励机制、专利购买、驰名商标是企业知识产权战略的核心内容，其顺利实施将有利于企业产品、技术、服务的创新能力的提升。

2. 企业知识产权战略管理有利于增强企业竞争能力

20 世纪 70 年代，美国着手实施全球化进攻型知识产权战略，取得了良好的效果，巩固了美国在国际市场中的竞争优势、确立了美国的经济地位。与此同时，在结合本国知识产权战略的基础上，国际知名跨国公司也加紧制定了适合国际市场竞争的知识产权管理方法，形成了以高技术、高科技为龙头，以商标、专利、商业秘密和实用新型技术等知识产权为辅助的系统化、专业化知识产权战略管理模式，直接威胁着中国企业的全球化进程，因此，从战略层面对企业知识产权战略进行系统化管理已势在必行，其顺利实施不仅可以有效地提高企业的自主创新能力，而且也有利于丰富和完善企业的竞争手段和策略，两者均可以增强我国企业的竞争能力，意义十分重大。

3. 企业知识产权战略管理有利于国家知识产权战略的实施

我国的知识产权战略体系包括国家、区域、行业与企业四个层面，其中企业层面的知识产权战略管理是核心和基础部分。国家知识产权竞争力来源于企业，企业知识产权战略实施效果不仅直接关系到国家知识产权战略目标的实现，而且也关系到国家的整体知识创新战略。中国的知识产权战略管理在短短 20 年内，实现了跨越式的发展，已初步形成了独具特色的知识产权体系，成绩斐然。2008 年颁布的《国家知识产权战略纲要》中明确指出，企业应是知识产权创造和运用的主体，中国知识产权强国之路需要中国企业齐心协力，共同摸索前进。因此，在新形势下，加大企业知识产权战略管理既是市场竞争环境变化的要求，也是国家知识产权战略的具体实践，是知识产权强国建设的必由之路。

2.5　知识产权的集成战略管理

2.5.1　集成的概念

集成是人类在认识自然、改造自然的社会实践过程中形成的一种有意识、有选择的行为。随着人类社会的发展，人类面临的问题越来越复杂，其解决依赖于集成方法。集成方法被广泛应用于现代生产与生活当中，对社会的发展产生了重要的影响。

集成是聚合而成的意思，英文中的“integration”，表示综合、成为整体等意思。集成是把一个非常复杂的事物的各个方面综合起来，集其大成（戴汝为，1995）；集成是一些事物集中在一起构成一个整体（刘晓强，1997）；要素之间的一般性的结合并不是集成，只有当要素经过主动优化、选择、搭配，相互之间以最合理的结构形式结合在一起，形成一个由适宜要素组成的、相互优势互补、匹配的有机体，这样的过程才称为集成（李宝山，1998）；集成可以理解为两个或两个以上的要素（单元、子系统）集合成为一个有机整体，这种集合是某一（些）集成规则进行的组合和构造，不是简单的要素叠加，其目的在于提高有机体（系统）的整体功能（海峰，

2001）；集成是具有某种公共属性要素的集合，这种集合可能由于某种力的随机作用，使得要素之间的关系既呈现出有序性，也可以表现为一种无序性，因此需要人的干预，是有意识的结果（吴秋明，2004）。从以上定义可以看出，集成与系统论之间存在相似之处，二者都强调要素的协调统一，但集成与系统论之间存在一定的区别。系统是由相互制约的各部分组成的具有一定功能的整体，功能性、系统性的相互关联性是系统的典型特征。集成的结果可能是系统的，也可能是非系统的，如果通过要素之间的非线性作用形成一个新的有机整体，从而实现功能的聚变与涌现，那么集成的效应表述为“A + B > C”（姜军，2016；吴秋明，2004）。如果系统的整体功能大于局部功能，系统内部要素按照一定的组成并产生非线性的结果，那么就会出现“1 + 1 > 2”的系统协同效应。

集成思想已被广泛应用于生产制造和重大项目中，具体表现为技术集成、信息集成、知识集成、系统集成等多种集成方式。随着现代管理的发展，一些中观和宏观领域当中也出现了集成现象，如产业集群、产学研合作、企业集团、企业管理中的综合管理技术（制造资源计划、Manufacturing Resources Planning、MRP－Ⅱ、准时制生产、Just in Time－JIT）等。基于集成本身的积极作用和影响，集成被应用于一系列管理理论与生产经营管理当中。如果从集成思想去看待创新，创新则是对现有知识、技术和制度按照新的方式进行组合，是一种集成的过程，是技术和管理的有效整合与集成。

2.5.2 集成管理的内涵

集成管理是集成思想在企业管理实践中的具体应用，是以集成思想为指导，强调企业运行机制的整合和各种管理方式的有效配合（李宝山，1998）。集成管理与管理之间相互包含、相互借鉴、相互渗透、互为基础，集成管理是针对管理活动中管理对象、管理方法、管理主体等管理要素，按照一定的模式，综合利用各种方法与手段将这些管理要素整合起来，以促使各要素发挥功能，提高管理行为整体的优化，完成管理创新，提高企业竞争力。集成管理的实质是运用集成原理与基础，结合系统论、控制论、信息论，使管理行为更为科学和有效，管理对象实现整体优化、系统创新和功能倍增的过程（王乾坤，2006）。集成管理既不是纯粹的科学管理方法，也不是纯粹的工程技术手段，具有其自身的目标定位、管理范畴和一体性。

1. 集成管理的目标定位

通过集成实现系统优势互补、聚合优势、形成新的功能是集成管理的根本性目标，这客观上要求各集成管理要素必须按照一定的集成方式或模式协调一致。传统的企业管理目标以资源优化配置为最终目标，解决的是企业管理过程中的单一问题。集成管理不仅要解决企业管理实践中所面临的单一问题，而且还需要通过管理要素的协调来解决复杂问题，并关注解决问题的方法，追求的是管理创新与整体效能的提高。

2. 集成管理范畴

注重管理要素之间的协调统一，关注各种可以调配使用的资源，突破传统管理的边界决定了集成管理范畴的宽泛性。集成管理不仅将企业所拥有的人、财、物、技术、信息等资源进行集成，而且还十分注重管理技术、制造技术、信息技术的集成，且以信息技术为核心和手段对要素和技术进行集成。

3. 集成管理人本性

突出强调人的主体行为和创新性是集成管理的伦理特征。集成管理要素不仅突破了传统管理的界限，也增加了集成管理的难度。在组织各方资源进行有机整合和重构过程中，需要管理者发挥一种创造性思维方式，创新管理方法，从而使集成产生前所未有的效果。

2.5.3　企业知识产权战略管理的集成作用

1. 集成管理有利于提升企业知识产权战略管理水平

科技与管理是推动社会进步，时代变革的动力。科技是以创新为基本前提和条件的，创新不仅体现在材料、技术、工艺方面，而且也包括了制度和管理方式的创新。创新需要科技进步的跃变，管理思想、观念与方法的变革。知识产权作为企业技术、工艺、材料等创新的结果，其本身就是集成管理的结果。如果要从战略层面对企业的知识产权进行管理，那么企业应从系统化的角度去思考和解决企业知识产权战略管理中存在的问题，整合各种管理手段与管理方法，使得企业管理行为的整体效能得到提升，从而提高企业的知识产权战略管理能力。

2. 集成管理有利于提高企业知识产权的运营价值

集成管理中的要素比传统管理模式中的要素要多，几乎包含了所有的有形资源要素和无形资源要素。知识产权是企业重要的生产要素和无形资产，以集成管理思想为指导，通过对企业知识产权的优化和配置，可以有效地降低企业的创新风险，以非线性的方式实现资源之间的互补，提升企业效益。随着 Internet 信息技术的广泛应用，地理空间对企业产品与服务的限制将会逐渐消失，这为企业知识产权价值创造提供了机会，如何充分利用市场进一步开放所提供的机会，在全球范围内对企业所拥有的知识产权进行优化配置，协调处理好知识产权创造、保护、运营的关系，协调好国内外两个市场的关系都需引入集成管理。

3. 集成管理有利于提高企业创新能力

集成除了整合之意，创新才是它的深层意义与价值所在。集成管理以开放式的模式吸纳新的资源，更新自身内涵，从而不断地演化发展，帮助企业以新的思维来解决生产经营中的问题。以集成了多学科团队、结构化流程、项目与管理等最佳要素的集成产品开发模式（Integrated Product Development，IPD）为例，其涵盖了从产品概念到生命周期结束全过程的集成管理，通过实施 IPD 有效地提高了产品开发的效率和成功率，降低了产品成本，能够达到提升产品开发能力的作用。事实上，企业任何一种知识产权的形成都有一个合理的生命周期，根据知识产权创造、开发、保护、运营等不同阶段特征，采取不同的管理方法将会极大地促进创新主体的作用，不断提高其创新能力。

2.6　本章小结

本章在对装备制造业的定义、特点、石油天然气装备制造业的内涵、产品类型进行概念梳理的基础上，对企业战略管理发展历史、基本特征、发展新趋势；企业知识产权管理概念、内容体系、体系特征、内涵的基本理念；知识产权战略管理属性、内涵、现实意义；集成的知识产权战略管理等相关内容进行了系统的概念界定，以满足后续研究的需要，为本书的研究奠定了基础。

第3章

石油天然气装备制造业知识产权战略管理环境分析研究

企业战略选择需要从内、外部环境中获取所需的资源与信息，并受内、外部环境的影响与制约，因此，内、外部环境分析是企业战略管理的首要任务，是企业战略管理的逻辑起点。同样，企业的知识产权战略也要在内、外部环境分析的基础上作出选择。四川是我国三大重型装备制造基地之一，在全国装备制造业领域具有举足轻重的地位和影响。四川盆地既是我国天然气主产地，在石油天然气装备制造业有一定的基础和优势，也是我国页岩气聚集的地区及产能建设示范区。四川页岩气勘探、开发和产业化为四川石油天然气装备制造业的发展提供了新的市场机会，其整体技术进步十分明显，形成了以四川宏华集团为代表的一批四川石油天然气装备制造企业，具有参与国内外石油天然气装备市场竞争的能力。

本章在对石油天然气装备制造业知识产权战略管理内、外部环境分析的基础上，以四川石油天然气装备制造业为实例，对知识产权战略管理环境分析进行具体的阐述。

3.1 石油天然气装备制造业知识产权战略管理的宏观环境分析

外部环境为石油天然气装备制造业的知识产权战略管理提供了机会，也带来了威胁。如果以企业的知识产权战略管理为研究对象，那么其外部环境分析的逻辑起点是企业所处的产业，经由对产业的基本特征的认识再到宏观环境，也就是产业环境和宏观环境是石油天然气装备制造业知识产权战略管理外部环境分析的两个组成部分。一般地，产业环境是由具有相似性特征的企业构成战略群组内企业之间的关系构成，而宏观环境则包括了政治、经济、社会文化、技术、环境、法律等。本书是从产业层面去研究石油天然气装备制造业的知识产权战略管理，所以产业环境本身不是我们研究的重点，宏观环境是石油天然气装备制造业知识产权分析研究的重点。PESTEL 是宏观环境分析的主要工具，虽然简单但应用广泛，它为企业战略决策提供了一组对行业和企业有潜在影响的、概括性的环境因素清单，它能够帮助管理者更好地理解行业和企业所面临的机会和威胁，帮助企业建立起战略发展规划并实现盈利（梅森·卡彭特和杰瑞德·桑德斯，2009）。总体上，PESTEL 分析客观上要求分析者必须深入思考每一个环境因素及每一个环境因素内含的相关信息，对相关信息进行确认、归类、分析得出结论。梅森·卡彭特（Mason A. Carpenter）和杰瑞德·桑德斯（Gerard Sanders）两位教授在《战略管理——动态观点》一书中详细地列出了 PESTEL 宏观环境分析的清单，对石油天然气装备制造业知识产权战略管理环境分析有着十分重要的指导性作用（见表 3－1）。

表 3－1　　　　PESTEL 分析的维度

因素	问题清单
政治	政治环境是否稳定？ 当地的税收政策如何，对你的经营事业有多大的影响？ 政府有没有加入类似欧盟、北美自由贸易区、东盟等贸易协定？ 有哪些外贸条例？ 有哪些社会福利政策？
经济	当前及预期的利率能达到什么水平？ 通货膨胀水平如何，未来的预期怎样？这种预期对你的市场增长有什么影响？ 当地的就业率是多少，其变化情况如何？ 人均国民生产总值的长期前景如何？ 关键市场间的汇率情况如何，以及它将怎样影响你的生产和分销？

续表

因素	问题清单
社会文化	当地的生活方式有怎样的趋势？ 现在的人口结构是什么样的，以及变化趋势如何？ 当地的教育和收入水平及其分布情况如何？ 当地主流的宗教信仰是什么，对消费者的态度和选择有什么样的影响？ 当地的消费水平如何，人们消费特征是什么？ 哪些未出台的法规会对企业的社会政策产生影响（比如，有关同居者的福利和夫妻享有带薪产假问题）？ 人们对工作与休闲持什么态度？
技术	政府和产业中的研究基金资助水平如何，是否在发生变化？ 政府和产业在技术层面的兴趣是什么，以及对技术的关注程度如何？ 技术的成熟度如何？ 当地的知识产权问题处于什么样的状态？ 邻近产业中潜在的破坏性技术是否会悄悄侵入到这一产业？
环境	当地的环境问题有哪些？ 将要出台的生态政策和环境议题会不会涉及你所在的产业？ 那些会创造压力的国际组织（如绿色和平组织、地球优先组织、善待动物组织）的活动将如何影响你的经营事业？ 当地是否有环保法规？ 关于废弃物处理和能源消耗有什么样的规定？
法律	有关垄断和私有产权的条例有哪些？ 知识产权是否受到法律的保护？ 有没有与消费者相关的法律法规？ 关于雇用、健康与安全，以及生产安全的相关法律的情况如何？

资料来源：［美］梅森·卡彭特，杰瑞德·桑德斯．战略管理——动态观点［M］．王迎军，等译．北京：机械工业出版社，2009.

创新是人类社会进步的动力源泉，包括了科技创新、制度创新、文化创新、管理创新、业态创新、商业模式创新等多种创新类型。技术创新是知识创造和技术发明的过程，其结果是新知识和技术的推广和应用，人类社会的创新活动可能会对产业和企业带来高度不确定性，显著地改变一个产业或企业的生存发展环境。一般地，技术创新是一个渐进的演化过程，顺应这一过程将会使具有在位优势的产业或企业保持其竞争优势。然而当创新性技术出现时，原有的在位企业的竞争优势将会因创新性技术的推广应用而丧失殆尽，创新性技术不仅会带来全新的产品，而且也会改变流程，形成一种全新的生产过程。知识产权与技术创新关系密切。石油天然气装备制造业的知识产权战略管理应在明确技术创新模式、类型基础上，密切关注相关领域的技术发展趋势，以系统的思想、发展的眼光去审视技术创新环境，并充分利用知识产权的保护功能去激励各类主体进行产品、流程和管理的创新，以提升其技术竞争能力，促进整个行业的转型升级和整体竞争力的提高。

如果说创新是将新的生产要素进行新的组合并引入到生产体系，那么在创新过程中，国家的相关扶持政策将有利于降低企业的技术创新成本，对整个装备制造业发展的“广度、高度和强度”都会产生重大影响。政府从宏观层面通过各种政策手段影响企业技术创新过程和结果，对企业推进知识产权具有积极的意义，企业通过制定知识产权政策来引导自身资源的合理配置是企业技术创新的具体表现。企业层面的创新政策涵盖了知识产权创造、保护和转化的相关领域。

从 20 世纪 80 年代开始，美国历届政府采取了许多支持装备制造业技术创新的措施。克林顿政府通过减免研究和实验投资的税收，刺激私营企业增加投资，鼓励对高新技术中小企业进行风险投资，给予大企业追加设备投资、临时税收减免，给予小企业设备投资、永久税收减免等财政支持与税收政策，给予装备制造业实质性的政策支持，美国经验说明政府对企业技术创新的资金支持是一个非常重要的因素。一方面在技术创新的过程中，企业如果有更加充足的资金保障，那么它就有能力去开发基本专利并进一步拓展外围专利，扩大企业商标知名度等（杜鸿雁，2007）；另一方面对于企业的知识产权战略实施而言，影响企业技术创新和技术成果转化的因素越来越复杂，风险也越来越大，对国家层面资金支持要求也越来越高，这客观上要求国家应出台相应的政策以支持相关产业的发展。

知识产权制度是开发和利用知识资源的基本制度。知识产权制度设计的目的在于通过合理确定人们对于知识及其他信息的权利，调整人们在创造、运用知识和信息过程中产生的利益关系，激励创新，推动经济发展和社会进步。知识产权创造、管理、保护、运用能力的提升是知识产权制度建设的重要内容（潘福仁，2009）。健全完善的知识产权制度能为我国进入创新型国家行列提供强有力的支撑。以我国的进一步开放、企业走出去为时代背景，企业在国际化进程中，应掌握知识产权的国际竞争规则，全面理解知识产权的各种制度体系，善于利用知识产权的法律法规来保护自身权益，积极应对国际诉讼，为企业的国际化发展打下坚实基础。由此可见，无论是从战略管理角度，还是从企业的技术创新与知识产权管理之间的关系、企业国际化等角度的分析，企业知识产权战略管理的环境分析都存在着必要性。

3.1.1 石油天然气装备制造业知识产权战略管理的政治环境分析

政局是否稳定、税收政策、国家保护、地方政府保护等共同构成了政治环境。政治环境对企业的生产经营、消费者信心、企业成本具有直接和间接的影响，企业管理者在进行战略决策时必须将政治因素纳入到其战略决策变量中加以思考。具体到石油天然气装备制造业的知识产权战略管理，其政治环境分析必须从国内外两个维度加以思考。立足于国内，其知识产权战略管理必须把地方保护主义和行业垄断作为主要的政治因素；立足于国外，则应该将进入合作地区的政局稳定性、税收政策和贸易保护主义纳入到其政治环境因素分析中，以降低其知识产权战略管理的风险，提高其知识产权战略的有效性。

3.1.2 石油天然气装备制造业知识产权战略管理的经济环境分析

通货膨胀率、利率、失业率、关键劳动力的可得性和人力资源成本等共同构成了企业战略管理宏观环境的经济因素。虽然石油天然气装备制造业知识产权战略管理的目的是为了提升企业的核心竞争力，但宏观经济环境仍然会对其战略管理绩效产生直接和间接影响，制约着其长期和短期效益。立足于国内，石油天然气装备制造业的知识产权战略管理的经济因素应重点思考经济增长率和相关人力资源的成本；立足于国外，石油天然气装备制造业的知识产权战略管理则应重点关注利率、合作区域内关键劳动力的供给状况等。

运用知识产权战略去获取经济和技术竞争优势是国际竞争新趋势，知识产权贸易是跨国企业实现经济价值的重要方式。在我国装备制造业转型升级中，必然会受到发达国家知识产权贸易保护主义的冲击与挑战。跨国企业在知识产权运营上起步早，经验丰富，收益明显。如IBM、德克萨斯仪器公司、朗讯科技公司等都是专利权出口的“大户”。仅IBM在2000年出售专利技术许可证就赚取了10多亿美元。事实说明，发达国家知识产权的运用不仅是技术保护，更重要的是利用知识产权贸易实现其经济价值的增加。因此，我国企业必须深刻认识和领会跨国企业在知识产权运营方面的策略与手段，做到“知己知彼”，以提高自身的知识产权战略管理水平。

3.1.3　石油天然气装备制造业知识产权战略管理的社会文化环境分析

不同国家和地区的社会文化是不同的，语言、宗教信仰、消费习惯共同构成了不同国家和地区的社会文化，不仅影响着一个国家和地区的经济发展水平，而且也影响着新进入企业的成败，因此，必须从战略层面去认识一个国家和地区的社会文化。立足于国内，虽然不同省份、东部、中部、西部地区的社会文化有所不同，但差异不大，且石油天然气装备制造业内部信息、技术交流较为频繁，企业对不同地区的社会文化有较深的认识，不应成为制约石油天然气装备制造业知识产权战略管理的重点；立足于国外，社会文化因素则应成为石油天然气装备制造业知识产权战略管理决策的重点分析对象，值得引起重视。

3.1.4　石油天然气装备制造业知识产权战略管理的技术环境分析

技术具有降低产品和服务成本，增加产品和服务价值，改变企业与消费者之间的关系的功能，改变和影响着企业经营前景。总体上，技术包括了工程技术和产品技术，工程技术是将输入转化为输出所需的设备、工具和知识。产品技术主要用于创造新产品和新技术。总体来看，我国陆上的石油天然气装备与国外先进水平的距离正在缩小。成套钻机、固井压裂设备、修井机、井口装置等已接近国外先进水平；抽油机、电动潜油泵、石油钻头等与国外先进水平相当。然而在技术标准上却存在着不小差距。技术标准是建立在一系列专利技术池的基础上的，是科技成果转化与扩散的重要介质，技术标准在装备制造业中不仅是一种行业标准，更是作为一种技术壁垒存在，是一种高于产品、劳务和品牌的高层次的竞争手段。目前必须认识清楚石油天然气装备制造业中的技术标准多由发达国家的企业控制，这是我国石油天然气装备制造业在知识产权战略的现实技术环境。

3.1.5 石油天然气装备制造业知识产权战略管理的环境分析

基于企业获取原材料的观点，环境因素一直以来是影响企业战略的一个因素。随着人类社会对环境的重视，如何从环境中去获取企业生产活动的原材料仅是企业战略决策的一个方面，如何消除企业生产活动对环境的污染，降低废弃物、污染物的排放直接关系到企业运营成本，事关企业社会责任的履行。石油天然气装备制造业是为石油、天然气勘探、开发、储运、炼化、炼制和销售服务的，绿色发展是在大气污染日益严重形势下的必然选择。石油天然气装备制造业的知识产权战略管理作为整个石油天然气装备制造业绿色发展道路中的子战略，其管理也必然将环境因素纳入到宏观环境因素分析中去加以系统的思考，走低碳发展之路，在产品和过程服务上都应坚持绿色发展，降低资源消耗和废弃物排放。

3.1.6 石油天然气装备制造业知识产权战略管理的法律环境分析

法律环境反映的是与国家、地区、组织相关的法令和条例，法令规则的完美程度、法律法规调整的程序、法律法规调整的时间间隔，直接关系企业生产经营相关制度的服从成本。法律因素通常与政治因素有关，因此应进行系统分析。同样地，石油天然气装备制造业的知识产权战略管理应将法律因素纳入到其战略决策中，一个国家和地区的知识产权立法情况和知识产权法律、法规的完善程度、执行效力等都是企业知识产权战略环境分析应思考的问题。

3.2　石油天然气装备制造业知识产权战略管理的产业环境分析

3.2.1　行业环境分析方法

在相同的市场上生产或者销售相同或相似产品的一个企业或者一组企业构成了产业。适宜的战略、关键的资产和必要的技能是由产业特征所决定的。在产业集中度分析基础上，确定行业的边界并应用“五力模型”对产业的基本特征与结构进行静态和动态分析是企业进行战略管理的中观层面的环境分析内容。如图 3－1 所示，供应商的议价能力、同业竞争强度、购买方的议价能力、新进入者威胁、替代品威胁共同决定着行业的平均收益水平，五种力量大小是行业间企业收益差异的主要原因。上述五个方面各自有不同的内容是在采用波特“五力模型”对行业环境进行静态分析时应注意的主要问题。

动态地看，五种力量中的任何一种力量或多种力量都处于不断变化之中，当其中一种力量发生变化时，原有的产业结构和各方力量的均衡状态将会被打破，从而具有动态性的特征（见表 3－2）。由此可见，对行业分析仅有静态分析是不够的，还要进行动态分析。如果从动态的视角去分析产业结构，那么产业结构分析的内容也会发生变化，从而赋予了“五力模型”的动态性特征。

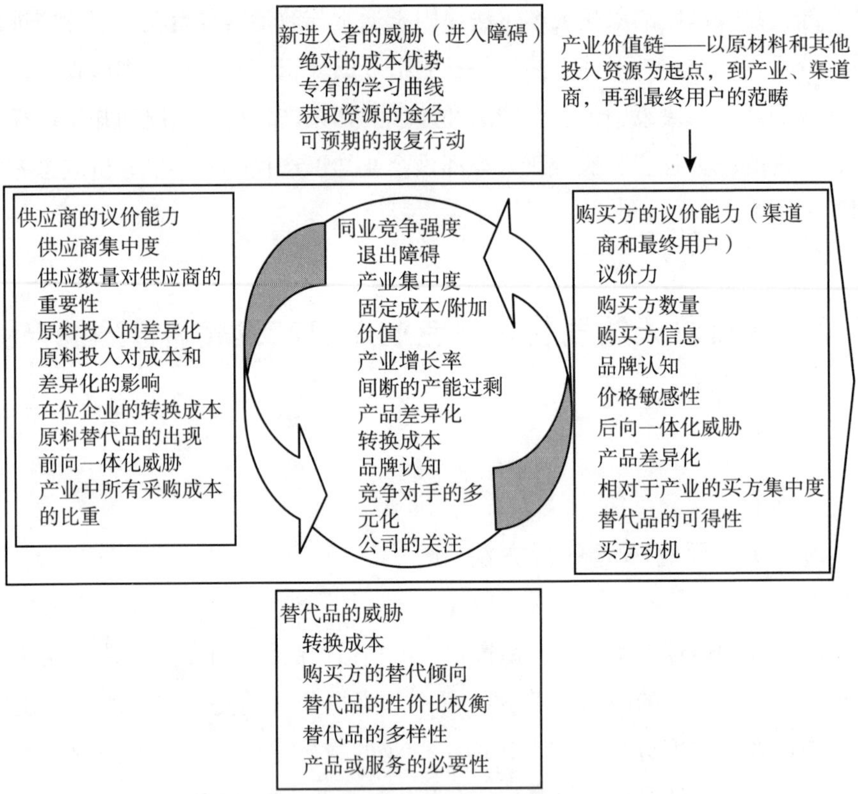

新进入者的威胁（进入障碍）
- 绝对的成本优势
- 专有的学习曲线
- 获取资源的途径
- 可预期的报复行动

产业价值链——以原材料和其他投入资源为起点，到产业、渠道商，再到最终用户的范畴

供应商的议价能力
- 供应商集中度
- 供应数量对供应商的重要性
- 原料投入的差异化
- 原料投入对成本和差异化的影响
- 在位企业的转换成本
- 原料替代品的出现
- 前向一体化威胁
- 产业中所有采购成本的比重

同业竞争强度
- 退出障碍
- 产业集中度
- 固定成本/附加价值
- 产业增长率
- 间断的产能过剩
- 产品差异化
- 转换成本
- 品牌认知
- 竞争对手的多元化
- 公司的关注

购买方的议价能力（渠道商和最终用户）
- 议价力
- 购买方数量
- 购买方信息
- 品牌认知
- 价格敏感性
- 后向一体化威胁
- 产品差异化
- 相对于产业的买方集中度
- 替代品的可得性
- 买方动机

替代品的威胁
- 转换成本
- 购买方的替代倾向
- 替代品的性价比权衡
- 替代品的多样性
- 产品或服务的必要性

图 3－1　产业结构中的五种力量及分析内容

资料来源：［美］梅森·卡彭特，杰瑞德·桑德斯．战略管理——动态观点［M］．王迎军，等译．北京：机械工业出版社，2009.

表 3－2　　产业结构的动态性分析内容

同业竞争强度
产业成长增强→对抗强度减小，价格压力降低 产业的全球化→随着国外新企业进入市场，规模经济压力促使企业走向合并以及市场逐渐由少数大企业所控制，因而导致对抗强度增加 固定成本与可变成本之间的混合变化→向高固定成本的转化导致保持销售水平的压力增大并且使价格竞争的可能性变大
新进入者的威胁
为了有效的竞争而减少必需的规模→新进入者的进入难度较低，有效的竞争导致对抗强度增加 顾客的异质性增强→一些细分市场的顾客需求难以被很好地满足而使进入障碍降低，企业对于其主要市场的保护力度不断增强 顾客集中度增加→新进入者威胁降低，导致价格竞争的压力变小

续表

供应商的议价能力
供应商产业集中度提高→供应商要价力量增强，原位产业收益水平下降的可能性增加 一些关键供应商的前向一体化→可选择的供应商数量减少，导致原位产业的力量降低 能够满足基本需求的投入资源替代品出现→供应商要价力量被削弱，原位产业的收益水平增强
购买方的议价能力
购买方所在产业的分散程度升高→随着潜在买家的增多，购买方力量被削弱，而相对于原位产业的企业规模来讲购买方企业规模减小 购买方信息处理能力的提高→比较能力的提高使得购买方力量增强 新分销渠道出现→在位企业有了更多的选择导致购买方力量被削弱
替代品的威胁
新的替代品出现→购买方的选择增加导致保持产品高价的能力被削弱 替代品相对性价比降低→替代品威胁减弱，维持低价水平的压力减小

资料来源：［美］梅森·卡彭特，杰瑞德·桑德斯．战略管理——动态观点［M］．王迎军，等译．北京：机械工业出版社，2009.

3.2.2　石油天然气装备制造业知识产权战略管理的行业环境分析

不同的行业类型对知识产权战略的影响和要求是不同的，知识产权竞争既是国家间产业竞争的重要形式，也是行业内部竞争的重要手段。企业构建自己的知识产权战略模式的前提是要分析企业所处的行业特征和环境，根据产业发展趋势和特点，结合自身资源条件与能力，选择合适的知识产权战略。企业可根据行业内的竞争环境与创新特点选择与企业经营战略一致的知识产权战略。在产业环境“五力模型”基础上，石油天然气装备制造业的产业环境可以通过所在行业的市场结构、发展前景、技术、劳动力市场来体现。

1. 石油天然气装备制造业的市场结构分析

企业实施知识产权的目的就是为了充分利用自身的优势去获取市场竞争优势，在企业参与市场竞争中，市场结构是知识产权战略选择中重要的影响因素。目前对市场竞争格局的划分主要有四类：完全竞争市场、完全垄断市场、垄断竞争市场、寡头垄断市场。目前，我国石油天然气市场是寡头垄断市场，与石油天然气相关的企业对技术和知识产权的独占性较强。然而石油天然气装备制造业却表现出一种垄断竞争性的二元市场结构。一方面在高端的石油天然气装备市场上，少数的外资企业垄断着市场供给；另一方面在低端的石油天然气装备制造业市场却是厂家众多、产品同质化程度高，竞争激烈。少数石油天然气装备制造企业对自身拥有的核心技术进行了知识产权保护，形成对知识产权的垄断地位。高端石油天然气装备制造产品市场进入壁垒高，企业数量相对较少。实力较强的企业在研发、资金、人力资源及知识产权管理上有较大的优势，他们努力利用自身所拥有的知识产权优势，集中力量进行研究与试验发展活动（Research and Developmont，R&D），形成了较高的技术壁垒，限制竞争，为实施进攻型的知识产权战略创造了条件。

2. 石油天然气装备市场的发展前景

石油天然气装备制造业的发展依赖于石油天然气产业的发展，而石油天然气产业的发展不仅决定于经济社会发展对油气资源的需求，而且也决定于一定区域范围内的资源储量。据国土资源部发布《中国矿产资源报告（2017）》显示，2016 年中国石油勘查新增探明地质储量超过 9 亿吨、天然气 7000 亿立方米。其中，石油剩余技术可采储量增长 35 亿吨，增长 0.1%，天然气可采储量增长 5.4 万亿立方米，增长 4.7%。探明的石油天然气资源储量的增加预示着在未来很长一段时间内，我国油气资源的勘探、开发仍然会保持着一个增长态势，油气资源勘探、开发量的增加必然会产生对石油天然气装备产品的新需求，从而带动石油天然气装备制造业的发展。

3. 石油天然气装备制造业的技术环境

企业的知识产权获取和创造离不开外界技术环境，技术创新、转让、转化影响着企业的知识产权战略的选择。当企业从外部获得技术的成本比自主研发成本低时，企业可能会采取通过购买技术或专利等方式来提高自己的技术装备水平。为此，了解所拥有或将要获取的知识产权在外部技术市场上的发展趋势，确定自身知识产权战略发展的方向，选择相应的知识产权战略就成为石油天然气装备制造业战略的技术环境。改革开放 40 年来，虽然我国石油天然气装备制造业发展迅速，也开发出具有世界先进水平的 12000 米超深井钻机及顶部驱动装置等产品，但是从石油天然气装备制造产业来看，近年来虽然注册的专利数量有所增加，但企业申请的专利多以外观设计和实用新型技术为主，发明专利的比例较低，国际专利申请量集中在少数企业，多数企业还没有实现国际专利数的零突破，企业的自主创新能力较弱，直接影响到石油天然气装备制造业的技术水平提高。根据未来油气工业发展趋势与自身发展水平，石油天然气装备制造业应加强自身技术创新与研发能力，在此基础上可围绕海洋油气开采设备、油气工业环保设备、非常规油气开采设备、高精尖炼化仪表等高端新产品展开技术研发，并尽快形成规模化生产能力。

4. 石油天然气装备制造业劳动力市场环境分析

与企业知识产权战略相关的劳动力市场主要是科技劳动力市场。知识产权战略的实施离不开人力资本的投入，特别是科技人才的投入。在石油天然气装备制造业中，科技人员是技术的最重要载体，是保证与技术供需的重要前提。目前，中国石油天然气装备制造业正处于转型升级的重要时期，需要技术人员提供多种技术，为转型升级提供智力支持。同时，企业知识产权的管理也需要人力投入，为企业知识产权的实施提供保障。知识产权在企业生产发展中的作用决定了知识产权战略中的知识产权规划、知识产权制度的建立和完善、品牌宣传和维护的重要性，这些工作的完成需要有专业的职能部门和专业人才去实现和完成。所以，劳动力市场发展对于企业的发展来说有着特殊的意义。

我国石油天然气装备制造人才优势明显。石油天然气装备制造业人才资源储量丰富，各企业通过与国内高校合作开展了人才培训、人才实习、定向招聘等方式，其人才质量得到有效的保证。以四川为例，据四川科技报 2013 年 12 月 20 日报道，截至 2013 年，四川石油天然气装备制造业有从业人员总数为 28140 人，大专以上学历有 14950 人，占从业人数的 53. 1%，研发人员和工程技术人员有 6580 人，占从业人数的 23. 4%，明显高于四川其他行业的人力资源质量，为四川石油天然气装备制造业知识产权战略的制定和实施提供了充足的智力支撑。2014 年以来，随着四川页岩气等非常规天然气产业的发展，相关生产装备的市场需求增加带动了相关人才的需求，以西南石油大学为代表的高等学校加大了相关人才的培养，进一步凸显了四川的石油天然气装备制造业人才优势，虽然相关统计数据缺乏，但从近几年四川相关高校的机械制造专业的人才培养规模就可以略知一二。

3.3 石油天然气装备制造业知识产权战略管理的微观环境分析

3.3.1 企业战略管理的内部驱动因素

企业之间的区别在于其资源与能力，在于企业选择并从事什么样的活动。无论是从企业的资源和能力角度，还是从企业价值链角度去探讨企业的竞争优势都不能忽视管理者的管理作用。具体到战略层面，管理者通过对企业所拥有的资源进行战略规划，在战略的导向作用下形成竞争优势，从而影响企业的绩效。在进行战略决策时，管理者必须考虑“领域”“工具”“特色”“进程”和“经济逻辑”，对在哪里开展活动、如何到达、如何在市场上获胜、速度和行动顺序、如何获得回报等问题进行清晰回答，上述问题的回答形成了企业经营战略钻石模型，如图 3－2 所示。

资源和能力是企业战略的基本构成，影响和制约着企业经营领域、工具、特色、进程和经济逻辑的决策。资源基础观认为：企业是一组异质性的资源和能力，总体上，资源包括了有形资源和无形资源。土地、一般劳动力、资金和日用品类的存货为有形资源，在企业之间具有同质性，难以形成竞争优势；管理判断力、知识产权、商业秘密和品牌资产为无形资源，可以有效地帮助企业形成竞争优势。能力是运用创造产品和服务的技能，是生产规程和专业知识的融合，企业在制造产品和服务过程中凭借这些能力组成了企业的价值链。资源和能力能否帮助企业建立竞争优势决定于其价值性、稀

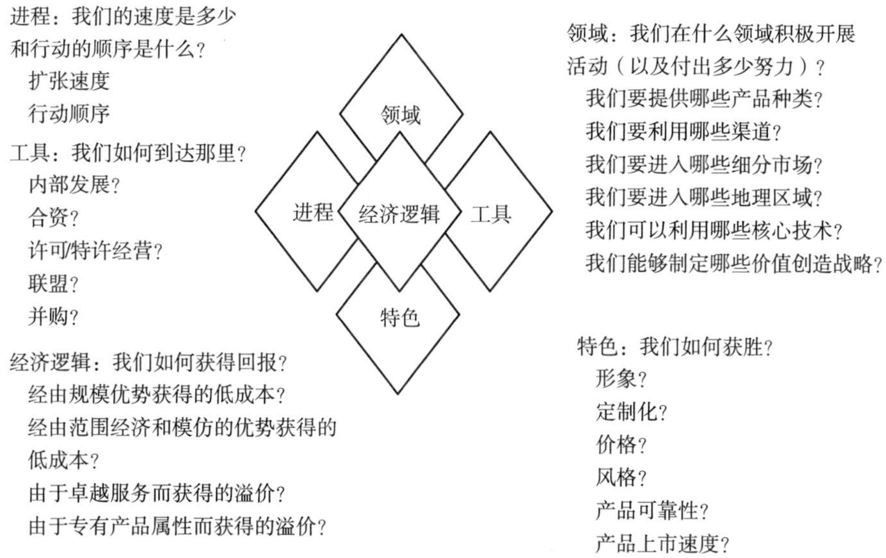

进程：我们的速度是多少
和行动的顺序是什么？
扩张速度
行动顺序
工具：我们如何到达那里？
内部发展？
合资？
许可/特许经营？
联盟？
并购？
经济逻辑：我们如何获得回报？
经由规模优势获得的低成本？
经由范围经济和模仿的优势获得的
低成本？
由于卓越服务而获得的溢价？
由于专有产品属性而获得的溢价？
领域
进程
经济逻辑
工具
特色
领域：我们在什么领域积极开展
活动（以及付出多少努力）？
我们要提供哪些产品种类？
我们要利用哪些渠道？
我们要进入哪些细分市场？
我们要进入哪些地理区域？
我们可以利用哪些核心技术？
我们能够制定哪些价值创造战略？
特色：我们如何获胜？
形象？
定制化？
价格？
风格？
产品可靠性？
产品上市速度？

图 3－2　企业经营战略钻石模型

资料来源：D. C. Hambrick，J. W. Fredricksou. Ane You Sure You Have a Strateg? [J]. Academy of Management Executive，2001，15 (4)：48－59.

缺性、不可模仿性、不可替代性与可利用性。企业的资源和能力的价值性体现在其是否能够帮助企业利用机会或者避开环境中的威胁（J. B. Barney，1991）。稀缺性是相对于需求而表现出的不足，一家企业如果拥有有价值且稀缺的资源或能力，则可以有效地创造出竞争优势。企业资源或能力的不可模仿性和不可替代性是相对于竞争对手而言的，不可模仿意味着竞争对手无法在短期之内迅速获取某项有价值的资源或能力，不可替代性意味着竞争对手难以用其他资源或能力的组合获得相同的收益。

拥有和控制一项或多项资源或能力是企业获取竞争优势的必要条件，而非充分条件，拥有组织管理能力去开发利用企业所拥有的资源是必需的。企业拥有有价值、稀缺、不可模仿和不可替代的资源和能力仅为一种潜能，而能否充分利用企业拥有的资源或能力才是关键（见表 3－3）。核心竞争力特征（Value Rarity Inimitability and Nonsubstitutability Exploitable，VRINE）将企业拥有的资源或能力的五种方面的特性组合在一起就会形成企业竞争优势，也是审视企业内部环境的一种工具和方法，有利于管理者系统地检验特定资源和能力的重要性以及获取新资源和能力的需求。

表 3-3　　VRINE 模型的应用

VRINE 模型	测试	竞争含义	绩效含义
有价值吗	资源或能力能满足市场需求或使企业免受市场不确定性的影响吗	如果能，那就满足了价值性这个标准，在产业中进行竞争需要能够创造价值的资源，但资源的价值并不能产生竞争优势	有价值的资源和能力能产生平均利润（利润与所有投入的成本相等，包括资本投入）
稀缺吗	假设某种资源或能力具有价值性，那么它相对于需求是稀缺的吗？或者竞争者是否普遍拥有这种资源	有价值并且是稀缺的资源能够创造竞争优势，但这种竞争优势可能只是暂时的	暂时的竞争优势能够产生高于平均利润的回报，直到竞争对手的活动使这种优势失去效用
能模仿吗以及/或者不可替代吗	假设这种资源既有价值又稀缺，那么竞争者模仿这种资源是存在困难，还是代之以能够产生相同收益的其他资源或能力	有价值且稀缺的资源和能力如果难以模仿或者不可替代，就能带来持续的竞争优势	某种持续的竞争优势能够在相当长的时期内给企业带来超额收益（直到竞争对手能够模仿这种优势，或者找到这种资源的替代品，或者由于环境变化使这种优势失去效用）
可利用吗	如果某种资源或者能力具有满足一个或者数个 VRINE 的标准，那么企业能够对此加以利用吗	某种符合 VRINE 标准的资源如果暂时不能被利用，也会成为竞争对手的机会成本。竞争对手如果需要这种资源，就要进行大量投入。一旦这种资源得到利用，企业就可以获得竞争优势和绩效	企业拥有满足 VRINE 标准的资源和能力又难以利用，与能够利用它们的企业相比，只能获得低水平的绩效和市场价值（但还是要比没有这种资源和能力的竞争对手幸运）

资料来源：[美] 梅森·卡彭特，杰瑞德·桑德斯. 战略管理——动态观点 [M]. 王迎军，等译. 北京：机械工业出版社，2009.

内部影响因素从企业总体战略、技术创新能力与知识产权管理能力三个维度进行分析。首先，知识产权战略作为企业经营战略的一部分，它的选择与实施受总体经营战略的制约与影响；其次，技术创新是企业知识产权获取的源泉，也是战略实施的前提，石油天然气装备制造业的技术创新能力直接决定着其知识产权数量和质量，直接关系到其竞争地位，对企业技术创新能力分析十分必要；再次，知识产权管理包括了知识产权开发、保护、利用、运营等内容，知识产权管理是在知识产权战略目标指导下的具体实施，支撑着整个企业的知识产权战略，其管理能力和管理水平影响着知识产权战略目标制定和策略选择。

3. 3. 2　石油天然气装备制造业知识产权战略管理的内部环境因素分析

1. 石油天然气装备制造业总体战略

企业的知识产权战略是企业战略体系的一部分，既服务于企业总体战略的实施，也影响和受制于企业总体战略。企业总体战略按照战略态势来分类可分为发展型、稳定型、紧缩型、复合型四种。不同战略类型的企业选择的知识产权战略各有特点。

（1）企业发展型战略。发展型战略强调的是如何充分利用外界机会与内部资源，以求得企业发展，这是一种从战略起点更高水平、更大规模发动进攻的战略态势。这种战略促使企业加大产品技术研发投入，采用或研发新的技术，致力于技术的升级换代和相关技术的突破，从而使企业掌握几项在行业中的尖端技术，达到运用知识产权的优势去寻求更大份额的市场占有率，提升企业的竞争能力的目的。在发展型战略模式下，企业一般选择进攻型知识产权战略。

（2）企业稳定型战略。稳定型战略是将少量或中等程度的资源用于技术创新，是一种谨慎性战略，是一种偏离现有战略起点最小的战略行为。在企业稳定型战略框架内，企业相应的技术发展模式多为被动的，企业对新技术保持着一种观望态度，往往是在现有产品和技术难以适应市场需要的情况下，企业才会在迫不得已的情况下采用新的技术。当然，在企业稳定型战略下，也存在主动追踪升级的技术发展模式，即企业密切关注行业中或相关行业中的技术动向，一旦出现有利的新技术，企业就通过技术引进等方式改造自己原有的技术，从而提升企业自身的发展能力。企业稳定型战略下，企业的知识产权战略通常是防御型的。

（3）企业紧缩型战略。当企业内外部环境的变化都对企业十分不利时，企业就会采取撤退措施，以维持企业的生存，这是一种偏离战略起点较大的战略。在这种战略指导下，企业的技术创新动力明显不足，研发投入减少，严重影响着企业知识产权战略。具体地，当企业各方面能力都不足以支持企业继续进行技术创新或知识产权进攻战略时，企业都会选择技术转向，考虑到前期投入，只能选择防御型的知识产权战略，虽然不会完全地放弃或退缩，但由于逐步减少的技术投入和研发将严重削弱企业的知识产权战略基础。

（4）企业复合型战略。企业复合型战略是上述三种战略的综合，是企业根据不同业务单元所面临的不同外部环境和内部资源条件，按照权变的思想，分别在不同的业务单元和不同的时空范围内采取发展型、稳定型和紧缩型战略，也就是说企业不同业务单元以及同一业务单元在不同的时空节点上的战略具有差异性，而这种差异性是内外部环境权衡的结果。

2. 石油天然气装备制造业技术创新能力

企业技术创新能力是发展的动力源泉，企业技术创新能力影响着企业的知识产权数量和质量，不仅是企业生产经营战略选择的基础，而且也是企业知识产权战略选择的重要影响因素。国家统计局在《中国企业自主创新能力分析报告》中构建了企业自主创新能力的评价指标体系，从其所包括的四个一级指标：潜在技术创新资源指标、技术创新活动评价指标、技术创新产出能力指标、技术创新环境指标可以看出，企业技术创新能力的内涵。借鉴上述评价体系指标的基础，我们可以将企业技术创新能力划分为产品研发设计能力、创新产品制造能力、创新产品产出能力三个维度，见表3－4。

表3－4 技术创新能力维度划分

能力维度	能力表征	能力内容
技术创新能力	产品研发设计能力	人员投入强度
		企业开发强度
		专利拥有数量

续表

能力维度	能力表征	能力内容
技术创新能力	创新产品制造能力	企业规模
		设备水平先进程度
		市场份额
	创新产品产出能力	新产品销售份额
		单位产品利润率

（1）产品研发设计能力。企业根据自身能力与技术难度对技术研究开发方式进行选择，既可以通过自主研究开发，也可以通过引进技术加以消化吸收，还可以通过技术联盟，与人合作共同开发。随着电子信息技术的发展，石油天然气装备制造的自动化、智能化和信息化已成为一种技术趋势，这种趋势客观要求石油天然气装备制造企业不断地创新，对其创新能力提出了挑战。在这种背景下，石油天然气装备制造业通过技术合作方式提高技术创新能力不失为一种可行的方法，企业可以通过建立“产学研”科技创新体系与专利联盟，增强企业技术创新能力。据《四川科技报》2013年12月20日报道，在四川省的“十二五”产业发展规划的指导下，四川多家石油天然气装备制造企业已与清华大学、浙江大学、四川大学、西南石油大学、北京航空航天大学等高等学府以及四川化工设计院、四川纺织科学研究院、中石油工程设计公司等科研机构建立了“产学研”合作关系。通过“产学研”项目的实施，四川石油天然气装备制造业拥有了一大批自主知识产权的关键核心技术，降低了企业知识产权研发成本，也为院校内的知识产权成果转化提供了平台，达到一种互利共赢的状态。四川德阳和广汉市利用其石油天然气装备制造企业集聚、装备制造基础好的优势，成立了石油天然气装备制造企业专利联盟，为形成良好的产业组织生态创造了条件。专利联盟是知识联盟的一部分，最终使知识资源内部化，进而获得更大的效益，成为带动园区油气制造行业的整体实力不断提高的助力器。

（2）创新产品制造能力。目前，我国石油天然气装备制造业的总体制造能力已基本接近国际一流水平，在勘探、开发、储运、炼制、炼化、销售等方面的设备制造能力较为突出，已基本形成了国有、民营、合资、外资等多种形式的所有制并存的石油天然气装备制造格局，其供给能力显著增强。在地域分布上已形成辽宁、黑龙江、山东、江苏、湖北、四川、陕西为重点省份，东、西、南、北均衡的基本格局。

（3）创新产品产出能力。创新产品的生产是创新过程的重要一环，也是创新经济、社会价值能否得以实现的关键。以四川省为例，在四川德阳市广汉市已聚集石油天然气装备服务产业关联企业213家，拥有产值上亿元企业28个，基地的产业集聚度达56.9%。园区油气装备行业规模以上企业实现产值301亿元，占园区总产值的56.6%。涉及油气井测、钻井、采油、油气输送等多个领域，形成了完善的油气装备产业链。产品主要覆盖钻机、钻井泵、游吊系统、固控系统、电控系统、井口控制设备、顶驱系统生产、石油输送管线设备等，产品遍布美洲、非洲、中东、中亚、东南亚、俄罗斯等地，多年出口创汇位居行业首位①。形成了以四川宏华石油、宝石机械等龙头企业为主导、三大国内顶尖的工程研究院为技术支撑、锦程石油等配套关联企业集群共生的特色石油天然气装备制造集群。龙头企业四川宏华石油设备有限公司研制的我国首台万米大陆专用钻机“地壳一号”标志着我国地学领域对地球深部探测的“入地”计划取得阶段性重大进展。

3. 石油天然气装备制造业的知识产权管理水平

企业知识产权管理是对知识产权进行的一种综合性管理和系统化的谋划活动，它通过树立知识产权战略意识、培育知识产权管理人才、建立知识产权管理机构、完善知识产权制度等方式，推动企业强化知识产权创造、保护、运营而对企业知识产权进行的有计划地组织、协调、谋划和利用的活动。由于企业知识产权管理贯穿于生产经营管理的各个方面，因此企业知识产权管理的水平决定着企业知识产权战略选择与实施的程度（王黎萤，池仁勇，林智同，2013）。

以四川石油天然气装备制造产业为例，企业知识产权管理意识不强，具

① 叶川．广汉全力打造中国油气装备制造第一园［N］．四川科技报，2013－12－20.

体表现在以下三个方面。一是对知识产权战略管理与企业可持续发展的关系认识不够清晰，在整个四川石油天然气装备制造业中除宏华、宝石集团下属分子公司外，其他油气装备制造业对企业知识产权重视不够，具体表现在重视产品的研发，而忽略产品的知识产权，在专利申请方面缺乏系统的思考和统一安排。二是重新产品、新技术的市场开拓，而忽视与新产品、新技术相关联的商标、品牌的维护，具体表现在企业在产品的营销渠道建设和客户关系管理上投入了大量的人力、物力，而对与其有关的商标、品牌的深度开发却投入不够。三是在组织架构上对知识产权战略管理缺乏系统的设计。经调查，四川石油天然气装备制造业企业很少有专门的知识产权管理办公室，通常做法是将企业与知识产权相关的事务归口到企业法律事务管理部门，普遍认为企业的知识产权战略管理就是一个商标、品牌、知识产权的维权问题，对知识产权在市场经济中的作用和地位认识不到位。

4. 石油天然气装备制造业知识产权战略管理基础资源

知识产权作为企业技术创新最终成果的表现形式，是企业技术创新绩效的重要衡量指标。企业技术创新成果选择何种知识产权保护形式，必须考虑知识产权所固有的经济价值。企业知识产权价值主要包括专利价值和商标价值。专利与商标价值通过投入产出比来反映最终的价值。专利价值主要考虑该专利的技术领域活跃程度、获权的容易度、专利权的归属、专利竞争和发展态势、专利实施的风险与成本等。具体的专利价值评价可以通过以下几个方面的分析来评价专利价值。通过专利的数量指标来评价专利产出数量方面的状况；通过专利质量指标，如专利的授权数和专利的成活率来评价专利的质量；通过专利的价值类指标可以反映专利在运营中给企业带来的经济效益。商标的价值由于它本身的依附性，所以它的价值是一种隐性的，但可以通过商品属性、消费者的效用感与社会评价三个方面来衡量它的价值。

知识产权价值较高更宜采取进攻型知识产权战略。专利价值越高，企业保护力度越强，企业通过申请基本专利可享有专利权，是排除竞争与抢占市场的有力手段，如果将基本专利与技术标准结合，使其成为产业标准，那么这样的知识产权战略更具进攻性，对该行业的影响作用就越大。专利周期越长，专利所产生的价值越高，企业可在专利周期内充分发挥它的作用，为企业带来更多的经济效益。知识产权价值较低则宜采取混合型或防御型知识产权战略。

3.4 四川石油天然气装备制造业知识产权战略管理的SWOT分析

在完成企业外部与内部环境分析之后，企业战略管理需要对整个战略态势进行分析总结、比较和匹配，形成可供企业选择的若干个可选择的战略（彭伟刚，2007）。SWOT模型是企业战略管理者进行这项工作的有效工具之一，其核心思想是通过对企业外部环境与内部条件的分析，明确企业可利用的机会和可能面临的风险，并将这些机会和风险与企业的优势及劣势结合起来，形成企业不同的战略措施（陈立，关德偲，2013）。石油天然气装备制造业知识产权管理属于战略管理的范畴，对其环境分析的目的是要明确其机会、风险、优势和劣势，形成具体的战略。以四川石油天然气装备制造业的知识产权战略为例，应用SWOT分析工具既是SWOT工具的具体应用，也是石油天然气装备制造业知识产权战略选择的内容。

3.4.1 四川石油天然气装备制造业知识产权战略机会与优势分析

1. 市场前景看好

石油天然气装备制造业的发展依赖于油气产业的发展，而油气产业的发展不仅取决于经济社会发展对油气资源的需求，而且也取决于一定区域范围内的资源储量。据《科技日报》2015年10月16日报道，四川盆地的页岩气勘探开发取得了令人瞩目的成绩。据中国石化最新消息，经国土资源部油气储量评审办公室评审认定，涪陵页岩气田焦石坝区块新增探明储量2739

亿立方米。至此，这一国内首个大型页岩气田探明储量增加到3806亿立方米，含气面积扩大到383.54平方千米，成为全球除北美之外最大的页岩气田。涪陵页岩气田储量规模的扩大，进一步证实了海相页岩气资源成为现实的增储上产领域，标志着我国页岩气进入规模化、工业化开发生产阶段。截至2015年8月31日，涪陵页岩气田焦石坝区块已测试的142口井均获中高产工业气流，单井日均产气达32.72万立方米，最高59.1万立方米，已累计产气25亿立方米。目前，涪陵页岩气田日均产气量已达1000万立方米以上，可满足2000多万户家庭的日用气需求。随着四川盆地海相页岩气资源的上产和页岩气示范区建设力度的加大，其对油气勘探、开发等装备将形成新的需求，从而为四川石油天然气装备制造产业的发展带来市场机会。

2. 产业组织生态好

四川石油天然气装备制造产业主要集中在成都、德阳和资阳三个地市。一是成都、德阳的油气装备制造产业发展势头强劲，其中以广汉市的油气装备制造产业的发展最为引人瞩目。为满足广汉市的油气装备制造产业发展的需要，由广汉市政府牵头，联合多家石油天然气装备生产企业成立的广汉市油气装备制造产业专利联盟为形成良好的产业组织生态创造了条件，专利联盟成为带动园区油气制造行业的整体实力不断提高的助力器。二是四川天然气勘探开发成效显著，不仅在常规天然气方面取得突破，以页岩气为代表的非常规天然气的勘探、开发更是捷报频传，以中石油、中石化为代表的两大中央企业的天然气产业有望突破千亿立方米，四川将成为我国重要的天然气生产基地。三是四川拥有以西南石油大学为代表的石油天然气“双一流学科”，其科研创新成果的推广应用极大地提高了超深井、低渗流的天然气和页岩气的勘探开发水平。

3. “产学研”创新体系已形成

随着电子信息技术的发展，装备制造的自动化、智能化和信息化已成为一种技术趋势，这种趋势客观要求制造企业的不断创新，对产业创新能力提出了挑战。四川石油产业已形成以企业为主体、以科研机构、大专院校为支撑、科技服务中心为平台的“产学研”科技创新体系。目前，四川石油天然气装备制造业的创新能力较强，以广汉市的油气装备产业园区为例，园区拥有亚洲第三、全国最大的石油灭火实验基地，国家重点实验室 3 家，博士后科研工作站 5 个，国家级高新技术企业 26 家，市级以上企业技术中心 32 个，累计授权专利 794 项（发明专利 73 项）。其中，园区企业近三年累计获得各级科技进步奖 77 项，承担科技计划项目 36 项。

4. 四川石油天然气装备制造人才优势明显

四川石油天然气装备制造业人才资源储量丰富，不仅拥有以中石油、宝石集团为代表的国内石油天然气装备企业，这些企业在长期发展中培养了一大批高素质的技术人才，而且还拥有以宏华为代表的大中小型民营的石油装备企业，拥有一大批创新能力强的科研人才。除此之外，四川还拥有多所高校开办了机械制造专业，每年可为四川本地企业提供博士、硕士、本科和应用型机械制造人才上万人。长期以来各企业通过与国内高校合作开展人才培训、人才实习、定向招聘等方式，其人才质量得到有效的保证。

3.4.2 四川石油天然气装备制造业的威胁与劣势分析

随着中国经济社会的发展和市场的进一步完善，企业之间的竞争方式和竞争要素发生了变化。企业知识产权是企业长期进行智力投资的结果。知识产权作为企业的智力资本，其管理的好坏直接影响着企业的竞争。同样地，立足于四川石油天然气装备制造整个行业来看，受企业发展阶段、规模实力等多种因素的影响，四川石油天然气装备制造行业内的企业在知识产权管理方面存在一定不足，面临着市场竞争压力。

1. 整体创新能力较弱

四川是我国重要的天然气生产基地，在我国能源安全供给体系中具有重要的战略地位。虽然经过不断的发展，四川天然气勘探、开发已基本形成体系，与其配套的石油天然气装备制造业已初具规模，然而受原有体制的约束，四川的整个石油装备制造业的创新能力难以满足四川石油天然气勘探、开发的需要。在 2018 年 10 月 9 日发布的《四川省企业专利创新百强榜》中，仅宏华（中国）投资有限公司、成都大漠石油技术有限公司、成都高峰石油机械有限公司三家民营企业上榜，而原有的四川石油管理局成都总机械厂等国有企业却榜上无名，与四川的 4 亿吨级大气田的地位极不相称。如果说四川石油天然气装备制造业已经发展成为以民营企业为主体，那么其创新能力与山东、江苏相比，仍有不小差距，存在着不足。

2. 四川石油天然气装备制造产业知识产权结构不合理

受制于四川石油天然气装备制造产业内企业实力差距大，多数企业自主品牌建设和自主创新能力明显不够。近年来四川石油天然气装备制造业虽已意识到了创新的重要性，加大了创新投入，也非常重视企业的知识产权管理，但知识产权的管理更多的是企业相关的专利技术的保密运用，一方面对专利申请的积极性不高；另一方面申请的专利集中在外观设计和实用新型技术上，且专利申请集中在仅有的几家具有规模的企业上，不仅存在着量上的不足而且存在着结构上的不合理。与此同时，四川石油天然气装备制造行业的专利多数集中在少部分企业中，这说明多数企业在知识产权管理上仍处于起步阶段。

3. 四川石油天然气装备制造产业知识产权制度不健全

健全的知识产权制度体系是企业知识产权制度发挥作用的基础。总体上，四川石油天然气装备制造产业的制度建设虽有一定程度的完善，但与其他先进行业相比，其在制度建设方面仍存在着不足。

（1）缺乏专业的知识产权管理部门。知识产权在企业生产发展中的作用决定了知识产权战略过程中的知识产权规划、知识产权制度的建立和完善、品牌宣传和维护的重要性，这些工作需要有专业的职能部门和专业人才去实现和完成。目前，在四川石油天然气装备制造企业中，仅有 3 家企业设置了知识产权管理部门，多数企业没有知识产权管理部门，也缺乏专业管理人才。

（2）企业知识产权管理制度缺乏。企业知识产权管理的目的是为了提高企业知识产权开发和利用效率，防止企业知识产权被侵占。知识产权管理目标的实现客观上要求企业应有一系列的措施和管理办法与之相适应。四川石油天然气装备制造产业体系中企业新技术的开发、产品生产和投放市场多处于盲目无序的状况，往往以满足市场需求为首要目标，对商标、专利和品牌等与企业知识产权相关的事务缺乏规划和具体的管理办法，企业的知识产权流失现象较为普遍。

（3）缺乏相应的激励制度。无论是企业新技术的发明还是新产品的研制都离不开技术人员的投入，如何调动相关科研人员的创新积极性是企业知识产权管理制度应包括的内容。经过调查，在四川石油天然气装备制造产业中，仅有 3 家企业专门出台了与企业的知识产权相关的奖励制度。

3.5 本章小结

立足于我国经济社会发展对石油、天然气的巨大需求，加大石油、天然气的勘探、开发以保证石油、天然气的安全供给势必会促进石油天然气装备制造业的发展。本章从宏观、中观和微观三个层面对石油天然气装备制造业的知识产权战略管理环境进行了分析研究。其结论表明，随着我国石油天然气装备制造产品市场的进一步开放和企业走出去参与国际竞争，其知识产权管理的宏观环境将进一步复杂化；中观层面的行业环境因产品类别不同而呈现出不同的竞争格局；微观层面的主体知识产权创造、保护意识有待于加强。石油天然气装备制造业的知识产权战略管理环境的特征对石油天然气装备制造业的知识产权战略管理水平提高提出了严峻的挑战。

第4章

石油天然气装备制造业知识产权战略管理体系构建研究

石油天然气装备制造业知识产权战略管理是一项系统工程，是以其所处环境分析为前提条件的，离不开知识产权管理人才教育体系、创新主体之间的合作、品牌管理能力、现代服务业和制造业文化，其战略管理是以上述内容为基础的一个体系化建设过程，石油天然气装备制造业战略管理体系建设是其经济、技术环境与其知识产权特征相协调和统一的过程。石油天然气装备制造业战略管理体系具有静态和动态特征，涉及组织机构设立、管理制度和人才队伍建设等内容。

本章在对石油天然气装备制造业知识产权战略管理体系构建的背景分析基础上，重点对其技术、经济环境和其知识产权特征进行了分析，构建石油天然气装备制造业的知识产权管理体系。

4.1 石油天然气装备制造业知识产权战略管理体系构建的背景分析

二十国集团（G20）领导人杭州峰会发布的《二十国集团新工业革命行动计划》证明人类已进入新工业革命时代。劳动者、生产工具和生产资源的智能互联，信息技术与先进制造技术的深度融合，生产全过程的物理世界与数字世界、生产与服务之间的界限逐渐模糊是新工业革命时代的特征。推动全球经济复苏，实现经济中长期可持续增长，让更多民众受益是二十国集团成员的共同愿景，这一共同愿景的实现决定于制造业及与制造业相关的服务业的健康发展。

《中国制造 2025》是中国根据新工业革命的内在要求而作出的中长期发展规划，是中国在新工业革命时代的伟大社会实践。新工业革命时代给政府、企业、研究机构、生产者、消费者提出了新挑战，不断出现的创新性技术和颠覆性技术给从业者和生产者提出了更高要求，生产性基础设施、制造标准和产业政策面临重大调整，既是机遇也是挑战。以此为背景，中国装备制造业的转型升级应该是机遇与挑战并存，竞争与合作互演将意味着中国制造强国建设的多元化行动方案存在的合理性。然而从系统角度看，教育体系、技术体系、合作体系、基础设施、文化等不足制约着中国装备制造业的发展，上述不足也是石油天然气装备制造业所必须突破的瓶颈，是中国石油天然气装备制造业知识产权战略管理体系构建的背景。

4.1.1 石油天然气装备制造业知识产权管理人才教育体系不够完善

人类社会发展的历史已深刻揭示，一切竞争归根结底是人才的竞争，没有一流的科技人才，就不可能产生新的知识和技术，就没有全球领先的科学技术；没有一流的管理人才，就不可能产生管理创新，也就没有适应先进产业发展的生产模式，难以产生满足人们日益提高的需求的商业模式。因而，必须立足中国石油天然气装备制造业转型升级的时代背景，从中国石油天然气装备制造业知识产权战略管理发展需要出发，一是加强石油天然气装备制造业知识产权管理的师资队伍建设，在加强基础教育、计算机和信息技术教育基础上，推广数字工具的创新性使用；二是在完善终身职业教育体系基础上，完善教育机构与石油天然气装备制造业合作的职工培训制度，全面提高石油天然气装备制造业职工的生产技能；三是开展教育内容和教育形式的国际合作交流，进行课程内容的改革，提高整个石油天然气装备制造业的教育水平；四是建立开放、灵活的人才引进机制，引进具有实践经验且卓有成就的科技人才和管理人才充实到石油天然气装备制造业，为石油天然气装备制造业的转型升级和知识产权战略管理服务。

4.1.2 复杂技术、前沿技术联合攻关能力明显不足

依托石油天然气装备制造业自身的技术进行智能制造、绿色制造、大型装备制造、工业软件等领域的技术攻关是其转型升级发展的必由之路。为此，根据比较优势，有条件、有选择地购买全球领先制造技术并吸收和消化，以适应不断变化着的石油天然气勘探、开发技术市场的变化，从而掌握某些先进制造技术市场的主动权，实现中国石油天然气装备在全球装备市场价值链高端的嵌入是中国石油天然气装备制造的技术追求，也是中国石油天然气装备制造业转型升级的技术选择，这客观要求进行复杂技术和前沿技术的联合攻关。然而立足于我国石油天然气装备制造业技术水平，我们发现：一是石油天然气装备制造行业内、制造行业间的技术合作平台缺乏，产学研的跨组织整合创新不够，高等院校、科研机构、大型企业的技术研发力量、整合能力不足，关键技术或核心技术创新乏力，制约着颠覆性技术的突破。二是石油天然气装备业内中小企业的数字化运用能力差，中小企业参与全球技术合作交流，专注于技术含量高、市场前景好的模块制造和零部件制造，把握核心技术和制造工艺，为国际顶级企业提供专业化模块制造服务、实践的先进制造技术的意识、能力都明显不足，制约着其技术水平的进步和提高（李金华，2016）。

4.1.3 品牌战略管理能力缺乏

品牌是人类社会分工和市场竞争的产物，是产品技术、质量、信誉、价值等市场竞争要素的结晶和具体表征。一个国家的品牌多少充分体现了国家的综合实力。一个制造强国是以拥有大量国际顶级制造品牌为基础和前提条件的。如果以顶级制造品牌作为装备制造业的实力象征，那么中国石油天然

气装备制造业不仅品牌少，而且品牌管理能力也存在着明显不足。立足于中国石油天然气装备制造业的转型升级和知识产权战略管理，目前的首要任务是培育具有国际竞争力石油天然气装备制造企业，依据国际市场，推行精、专、美，绿色、低碳、节约、朴素的制造理念，开展面向全球石油天然气装备市场，开发品牌和海外市场认证，创立具有世界影响力的一流制造品牌，构筑起多层级、多领域的石油天然气装备产品和服务品牌体系是中国石油天然气装备制造业知识产权战略管理的核心内容。这客观上要求石油天然气装备制造业积极参与知识产权保护和国际制造标准的制定，通过开放、包容、互利、有效的标准制定合作，建立起国际市场推崇或公认的石油天然气装备制造业标准体系，确立中国石油天然气装备制造业在石油、天然气勘探、开发、储运、炼化和销售领域的话语权，有效地应对新工业革命给全球制造行业带来的制造标准的重大变革。

4.1.4 基础设施建设与制造相关的现代服务业发展滞后

物联网、高速互联网、云计算平台、移动通信、工业云平台和工业操作系统等新型工业基础设施是中国制造强国建设所必备的基础条件。先进制造工业集聚区、先进工业区一体化发展是中国制造强国建设的主要模式。现代通信、物流业，用先进的计算技术、通信技术、语音识别技术、机电一体化技术等装备物流产业的发展事关中国制造强国建设成败，也是中国石油天然气装备制造业知识产权战略管理不可或缺的配套设施。运输、储存、加工、包装、装卸、配送的发展有利于降低中国石油天然气装备制造业知识产权战略管理的外部成本，事关其竞争能力，先进的物流运输系统是中国石油天然气装备制造业可持续发展的必要条件。然而从基础设施、发展模式、配套产业、服务能力看，中国石油天然气装备制造业知识产权战略管理面临着基础设施量不足和结构不合理等诸多困难，制约着其健康发展。

4.1.5 先进的制造业文化体系缺乏

文化的竞争是人类社会最为高级的竞争方式，也是人类社会竞争的发展趋势。文化反映一个民族的精神，体现一个国家的灵魂。中国要建成制造强国，必须彻底摒弃本位主义、拜金主义，重塑国民的价值观。要建立以劳动光荣、工匠光荣为核心的价值体系，倡导尊崇劳动者、尊崇技术工人的全新价值观。要通过教化、引导，培养产业工人忠诚敬业、执着勤勉的员工精神，培养创业者以企业为本，勇于创新、敢于冒险、坚韧顽强的企业家精神。要建立广大劳动者的信仰，让职工对生产标准、技术规则、操作规范产生敬畏感、崇拜感，并将其奉为圭臬在生产活动中自觉严守。要扩大民众的众包机会，激发民众的劳动热情，褒扬民众的创新精神，宽容民众的创业失败，将中国建设成为具有先进文化的制造型国家、创新型国家。具体到石油天然气装备制造业，应重点培育以创新文化、“工匠精神”为核心的制造文化，以满足石油天然气装备制造业知识产权战略管理的需要。

4.2　石油天然气装备制造业知识产权战略管理的影响因素分析

4.2.1　石油天然气装备制造业知识产权战略管理的行业因素分析

技术变革和世界经济格局是石油天然气装备制造业知识产权战略管理所面临的重要外部环境因素，影响和制约着中国石油天然气装备制造业的知识产权战略管理。新一代信息技术与制造业深度融合，正在引发产业组织变革，形成新的生产方式、产业形态、商业模式和经济增长点。目前，世界各国都在加大科技创新力度，以此为背景，《中国制造 2025》明确提出了在三维（3D）打印、移动互联网、云计算、大数据、生物工程、新能源、新材料等领域取得新突破的奋斗目标；信息物理系统的智能装备、智能工厂等智能制造而带来的制造方式变革，网络众包、协同设计、大规模个性化定制、精准供应链管理、全生命周期管理、电子商务所带来的产业价值链体系的重塑，可穿戴智能产品、智能家电、智能汽车等智能终端产品而推动的制造业新领域的出现，这些领域内的新技术创新不仅具有普遍性，使整个社会经济系统产生变化，而且也将彻底改变我国石油天然气装备制造业的技术环境和产业组织生态。

2008 年的国际金融危机发生后，发达国家为重塑其在国际市场上的竞争优势，采取了“再工业化”发展战略，强调制造业的转型升级发展。受其影响，发展中国家也加快了参与全球产业再分工的步伐，通过各种优惠措施来承接产业及资本转移，不断地拓展其市场范围，提高制造技术和水平。发达国家和其他发展中国家在新形势的战略选择对中国装备制造业所形成的“双向挤压”客观上要求我国的装备制造业，必须放眼全球市场，重新调整其发展战略。着眼于中国建设制造强国的需要，我们必须重新认识装备制造业的总体发展趋势，立足于市场需要通过机制、体制创新，不断地提高其竞争水平。石油天然气装备制造业作为我国制造业的一部分，其所面对的外部环境既有相同性也有差异性，世界经济形势和竞争格局变化带给石油天然气装备制造业的挑战是严峻的，因此，必须从多个层面加强石油天然气装备制造业的战略管理，对其知识产权战略进行系统思考。

4.2.2 石油天然气装备制造业知识产权战略管理的技术因素分析

正如《中国制造 2025》所指出的一样，随着新型工业化、信息化、城镇化、农业现代化四化同步推进，巨大的国内市场需求潜力正在不断释放，为我国制造业发展提供了广阔市场空间。经济社会发展和进步不仅给我国装备制造业提供了巨大的市场空间，而且也向我国装备制造业的转型升级发展提出了挑战。

在资源和环境双重约束下，中国制造业原有的成本优势已不复存在。劳动成本不断上涨，投资不足和出口不畅的新形势对原有的粗放发展模式提出了严峻的挑战，对制造业的转型升级提出了新要求，以此为背景形成经济增长新动力或新压力。如果说在新形势下，塑造中国制造业的国际竞争新优势是中国制造业转型升级的必然选择，那么这既是新竞争优势的来源，也是其竞争优势培育的难点。同样地，世界经济竞争格局变化和中国经济、社会的发展对我国石油、天然气等能源供给提供了新机遇，挑战与机遇并存是我国石油天然气装备制造业发展的外部环境，也是我国石油天然气装备制造业所面临的经济环境。只有主动适应外部环境变化所产生的需求，石油天然气装备制造业才能顺利转型升级，石油天然气装备制造业的知识产权战略管理才有必要和存在的价值。

4.2.3　石油天然气装备制造业知识产权战略管理的经济因素分析

虽然经过努力，我国装备制造业的整体实力有了明显的提升，形成较为完整的工业体系，在一些关键技术上取得了突破，然而大而不强、自主创新能力与规模不匹配、关键核心技术、装备档次、品牌、资源效率和环境污染等问题仍然是困扰着中国装备制造业发展的关键因素。

抓住当前难得的战略机遇，积极应对挑战，加强统筹规划，突出创新驱动，制定科学而合理的产业支持政策，充分发挥中国特有的制度优势，集聚社会各方力量，坚持走自主创新道路，更多地依靠中国装备、依托中国品牌，努力实现由制造向创造的转变，速度向质量的转变，产品向品牌的转变，完成由大变强的战略任务。同样地，改变我国石油天然气装备制造业核心技术缺乏，技术创新能力不足是石油天然气装备制造业知识产权战略管理的首要任务，这客观上要求石油天然气装备制造业必须抓住整个国家建设制造强国的历史机遇，并进行系统化的构思，构建起石油天然气装备制造业的知识产权战略管理体系。

4.3　石油天然气装备制造业知识产权管理现状分析

4.3.1　石油天然气装备制造业的界定

装备制造业是具有中国特色的概念，通常地讲，装备制造业是为国民经济各部门简单再生产和扩大再生产提供技术装备及相关零部件制造的制造工业的总称（陈柳钦，2013）。“装备制造业”范围主要包括国际工业分类标准——ISIC（International Standard Industrial Classification）中的38大类，即ISIC 38，包括金属产品、机器与设备等。石油天然气装备制造业是装备制造业的一个重要分支，它属于装备制造业中的专用设备制造业范畴。

早期人们将石油天然气机械制造定义为简单的修理打井、采油及运输过程中损坏的机械、车制零配件等内容（李喜录，2008）。范畴过于狭窄的结果是早期的石油天然气机械制造从属于油田，服务于各大油气田钻井、采油采气业务，早期的石油天然气装备制造的主要功能十分有限。受我国石油天然气生产组织体制的影响，我国早期的石油天然气装备制造业均是以油田为依托而建立的，并服务于油气田，各油气田装备制造企业就是石油天然气装备制造业。随着我国石油、天然气勘探、开发的发展和经济体制的改革，石油天然气装备制造业的供应商已从单一的体制内供给转变为体制内供给为主、体制外供给为辅的市场格局，石油天然气装备制造业的内涵也发生了变化。具体地，石油天然气装备制造业是为石油物探、钻井、测井、油气开发、井下作业、地面工程、管道运输及炼油、石油化工等领域提供专业装备、工具，以及集装备研发、销售与服务于一体的所有企业的总和。

4.3.2 中国石油天然气装备制造业发展现状

石油天然气装备制造业作为石油天然气行业的重要组成部分，是石油天然气行业的基础性产业，其发展水平决定着我国石油天然气工业的发展进程。“钻头不到油气不冒，装备不强油气难长”这句话形象地说明了石油天然气装备对于石油勘探开发的重要性（陈柳钦，2013）。先进的石油天然气装备是提高石油天然气开采效率、优化炼油化工各项工业指标的重要基础。以我国装备制造转型为时代背景，中国石油天然气装备制造业的发展战略选择都是建立在对其现状认识基础上的。以“十三五”发展规划为契机，形成我国装备制造业新格局，提升我国石油天然气装备制造业的整体制造水平已经成为当务之急。然而中国石油天然气装备制造业转型升级离不开对整个石油天然气装备制造业发展现状的认识。

1. 中国石油天然气装备制造业竞争性市场格局已基本形成

经过多年的发展，我国石油天然气装备制造业已基本形成以中石油旗下的石油装备制造企业、中石化旗下的石油装备制造企业、以四川宏华、山东科瑞等为代表的民营大型装备制造企业为主，中小型、非国有石油天然气装备制造企业为辅，共同发展的局面，但发展能力却存在着明显差距，不同类型的石油装备制造企业中技术创新能力和服务能力呈现出不同的异质性。不容忽视的是民营石油天然气装备制造业发展迅速（见表4－1）。

表4－1　　　我国部分石油装备企业一览

企业名称	企业性质	主要业务与产品	研发/制造水平
中石油宝鸡石油机械有限责任公司	国有控股企业	生产各类成套钻机、采油设备、专用工程车、井口装置、井控系统、钻采工具与配件以及钢丝绳、精密钢管、抽油泵、钢丝绳索具、高压管汇和钻井用钻头等百余个品种、近千个规格	中国石油行业最大的钢丝绳制造商和系列最全的钻头制造商
中石油宝鸡石油钢管有限责任公司	国有控股企业	科研、制管、防腐、套管和辅料加工	我国第一个大口径螺旋埋弧焊管生产厂家
中石油渤海装备制造有限公司	国有独资	钢管产品、钻井装备、采油装备、新兴产业及其他业务	中国石油装备业务板块规模最大的综合性石油与化工装备制造企业
中石油新疆油田机械制造总公司	国有独资	油田注汽锅炉、抽油机、井口、压力容器等油田设备的设计、制造	综合性大型机械制造企业
胜利油田胜机石油装备有限公司	国有控股企业	开发、制造石油钻采设备及一、二类压力容器为主，承接各石油工程设备安装、检修等技术服务	中国石油石化装备制造企业五十强企业
中国石化集团江汉石油管理局第四机械厂	国有独资	“四机”（SIPETRO）牌钻修井设备、采油设备、海洋石油钻采设备、高压管汇元件四大主导产品，12大系列，200多个品种石油专用装备和配件	中国石油钻采装备研制的骨干企业

续表

企业名称	企业性质	主要业务与产品	研发/制造水平
四川宏华石油设备有限公司	集体控股企业	海洋工程及石油能源勘探开发装备的研究、设计、制造、总装成套的大型设备制造及钻井工程服务的非国有石油装备企业	最大的石油钻机成套出口企业和全球最大的陆地石油钻机制造商
山东科瑞石油装备有限公司	集体控股企业	研发、设计、制造陆地与海洋钻井、修井装备；油田大型压裂机组；连续油罐车、固井车、制氮车等特种作业装备；天然气压缩机设备；油气生产处理工艺系统；天然气液化装置；井口、井控系统设备；采油机械等九大系列、100 余种高端油气装备系列产品	是中国首家打造产业链一体化高端石油装备产业园的企业
烟台杰瑞石油装备技术有限公司	集体控股企业	石油、矿山进口专用设备维修及配件销售、油田专用设备制造、油田工程技术服务	年生产能力≥600 台套，拥有五大装备工业园区 1200 位专职研发人员
上海神开石油设备有限公司	集体控股企业	石油勘探开发仪器、井控系统设备、井口设备、钻采配件和石油产品规格分析仪器	中国石油石化装备制造业五十强企业

（1）以中石油、中石化为代表的国有石油天然气装备制造业实力雄厚。中石油是我国国内最大的原油、天然气生产、供应商，业务涉及石油天然气勘探开发、炼油化工、管道运输、油气炼化产品销售、石油工程技术服务、石油机械加工制造等多个领域。石油装备制造虽只是中石油的业务之一，但其整体实力却居于国内一流。截至 2015 年，中石油旗下的石油天然气装备制造业生产制造的石油装备已经出口到全球 81 个国家和地区，具有十分完善的海外营销网络。中石化旗下的石油装备制造企业积极向服务型企业发展，致力于新产品研发与工程技术服务，以提高产品附加值来保持市场份额。

（2）以四川宏华、山东杰瑞等企业为代表的一批民营大型石油装备制造企业发展迅速。近几年来，国内的民营企业与外资企业在国家政策的大力支持下，以我国石油天然气装备制造业转型为契机，发展迅速。如图 4 – 1 所示，截至 2013 年，部分民营大型石油天然气装备制造企业年营业收入超过 20 亿元。民营企业依靠自主研发、引进吸收先进技术，自身技术水平不断提高，已从传统的制造向油田技术服务转型，重塑了民营大型石油天然气装备制造业品牌形象，他们积极承担社会责任，在国内形成一定的知名度，并在国际石油天然气装备市场上拥有了一定的竞争能力。

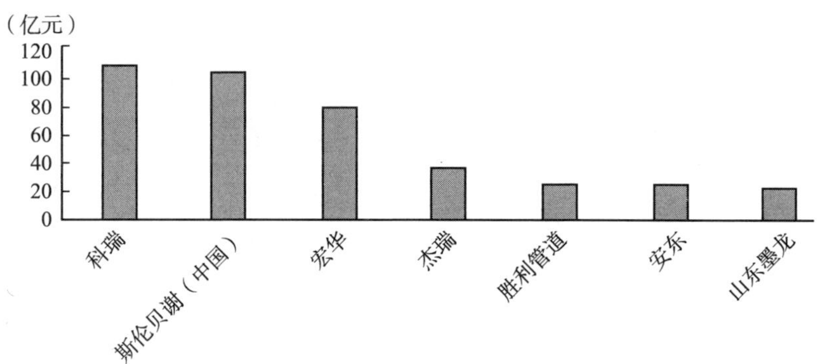

图 4-1　部分民营大型石油装备制造企业的营业收入

注：数据来源于企业年度报表。

（3）中小型民营石油天然气装备制造企业数量巨大。据行业数据统计，目前，我国约有 1900 多家石油装备制造企业，中小型企业占到 90% 以上，其中小型民营石油装备制造企业占到 80% 以上，这反映了我国的石油装备制造行业集约化程度低的特点。中小型民营企业在技术研发、产品销售、企业管理上以行业的大型、龙头企业为标杆，一部分已经发展成为“小巨人”，在单个产品或服务上具有国内一流水平。然而由于中小型石油天然气装备企业集约化程度低，能源资源利用率低和产品能耗高，向绿色化装备制造转型的发展较为缓慢，面临着的生存和发展困难较大。

2. 石油天然气装备制造体系正在逐步完善

目前，我国已经形成了勘探、开发、集输和加工等比较完善的石油天然气装备制造体系，并在油井钻探、钻头制造、采油集输等多个领域取得了较大的成就。石油装备制造基地分布以四川、湖北、山东等地最为密集，其中以成都、宝鸡、南阳为核心的钻采设备制造基地，以上海、江苏为核心的钻采配件制造基地，以西安、宝鸡、江汉为主的地球物理勘探装备和钢管制造基地，以济南、四川为主的石油钻机制造基地，以济南为核心的石油钻机专用柴油机制造基地，以江汉、四川为核心的石油钻头和采油设备基地形成国内五大石油装备制造基地。这些基地各有特色和核心产品，既有行业内的分工合作，也有行业内同一类型产品的竞争，它们共同发展的结果是完善了我国石油天然气装备制造业的生产体系和产品体系。随着我国的石油装备制造由生产型制造向服务型制造的过渡，工程技术服务成为我国石油天然气装备新的业务领域，推动着我国的石油天然气装备制造企业从提供单一产品向提供综合解决方案、从进行一次性产品销售向提供全生命周期产品服务的综合型企业转型发展，其产品和服务能力因体系的完善而得到了提高。

3. 中国石油天然气装备制造业的绿色转型发展迅速

国家对绿色环保的要求与油田、炼厂等上游行业对节能降耗的需求，推动着我国石油装备制造行业的绿色发展。自“十一五”规划以来，我国石油天然气装备制造开始推动石油天然气装备传统优势产品的升级换代，逐步淘汰能耗高、污染重的产品。“十二五”时期，石油天然气装备产业紧紧围绕国家环境治理和行业节能减排任务，以重大环保技术和装备的研发应用为重点，推动技术创新，加快调整产业结构，并取得了明显的成绩。“十三五”规划再次强调要促进制造业朝高端、智能、绿色、服务方向发展。近年来，我国石油天然气装备制造业加大了以电代油、以气代油等装备研制，并应用于整个石油天然气的生产，极大地降低了石油天然气生产过程中的污染，推动了其自身的绿色发展。

4. 中国石油天然气装备制造业国际市场竞争能力进一步增强

中国石油天然气装备制造板块的海外收入已占总营业收入的 50%，营销网络辐射全球近 90% 的千万吨以上产油国，产品出口到 80 多个国家和地区，稳定的国际客户达 940 多个，年出口签约额超过 40 亿美元。据 2015 年“中国石油装备走出去”新闻发布会公布的数据表明，“中国石油天然气装备制造”已逐渐被国际认可。从出口石油装备工具、零配件发展到出口技术附加值更高的成套设备，中国的石油钻机、修井机大批量进入美国、中东等高端市场，一些绿色装备产品在国际市场上广受好评。如济柴动力总厂结合油田实际研发的伴生气发电产品，将油田井口伴生气变废为宝，成为深受市场青睐的绿色产品（牟雪江，2015）。不仅是国有企业，我国的民营企业也充分利用其自身的优势积极参与国外市场的竞争，成绩明显。据企业网相关数据显示，宏华集团每年有近百台钻机销往中国各大油田及世界各地，其中近 80% 的产品销往海外，这些数据表明中国石油天然气装备制造业的国际竞争实力正在不断增强。

4.3.3　石油天然气装备制造业知识产权的特征分析

石油天然气装备制造业是石油、天然气工业发展的基础性、战略性产业，主要从事油气勘探、开发、输送、炼化、销售等环节的成套设备和工具的研发，是集设计、加工、制造、销售和服务于一体的经济实体，其特点是资金密集、技术密集和劳动力密集。石油天然气装备制造业的知识产权不仅具备知识产品的共同特征，还具备自身独特的技术特征和法律特征，主要表现在以下几个方面。

1. 研发难度大，不易被复制

石油天然气装备制造业中不论是生产专用设备的零部件生产领域，还是需要很强锻造能力的大型成套设备，其技术上都需要大量的投入。相对于一般制造行业来说，石油天然气装备制造业不仅需要知识创新，而且需要现场技术和生产经验的积累，是知识、技术、经验和材料共同作用的结果。随着石油天然气装备制造业技术创新步伐加快与环保清洁技术方面的发展，石油天然气装备产品升级换代压力正在不断增大，对新技术、新材料与新工艺的需求更为迫切，其研发也更加复杂，难度越来越大。

2. 石油天然气装备知识产权以实用新型专利为主

一般来说，石油天然气装备制造业知识产权以专利权为主，其中实用新型专利与发明专利居多，且技术的使用寿命较长。如我国的12000米石油钻机，现已申请了两项发明专利，包含了7项实用新型专利。

4.3.4 石油天然气装备制造业知识产权战略管理的内涵分析

战略管理体系是企业众多管理体系的核心，居于高阶战略地位，影响和制约着企业的功能策略的实施。石油天然气装备制造业的知识产权战略管理就是从战略高度，对石油天然气装备制造业知识产权形成、保护、发展和价值运营制定长远规划的活动过程，包括知识产权资源与其他资源的整合、知识产权价值链的优化等环节。企业知识产权战略管理的目的是要赢得竞争优势，提升整个石油天然气装备制造业的核心竞争能力。石油天然气装备制造业的知识产权战略管理体系是围绕石油天然气装备制造业知识产权战略管理内涵而开展的，由石油天然气装备制造业开拓市场、取得市场竞争优势的几个重要的战略阶段组成。目前，我国石油天然气装备制造业的目标是实现装备制造的优化升级，按照市场需要和石油天然气装备制造业竞争战略的要求，通过战略研究、战略情报、战略组织与战略控制，将石油天然气装备制造业知识产权战略管理与国家知识产权制度、企业研发、市场运营和商业化经营模式有机结合，提高我国石油天然气装备制造业在市场上的整体竞争水平。

石油天然气装备制造业知识产权战略管理体系不仅具有战略管理体系的全局性、竞争性与风险性的基本特征，还具有自身的特点。石油天然气装备制造业的技术、能力投入决定了石油天然气装备制造业中知识产权战略是一个复合性战略，它不仅仅涉及法律，还关系到其他政策的协调与配合，与政府的政策环境建设有关。由此可见，石油天然气装备制造业知识产权战略不仅是知识产权行政管理部门的事务，在战略的决策和执行过程中，还需要利益相关者的联合行动。

1. 石油天然气装备制造业知识产权战略管理体系的从属性特征

石油天然气装备制造业知识产权战略管理体系与一般企业的战略管理体

系一样，从属于行业总体发展战略，是行业战略体系中的有机组成部分。具体到石油装备制造企业其知识产权战略管理体系则是企业战略管理的一个重要组成部分，因此，在制定其自主知识产权管理体系时既要考虑石油天然气装备制造业整体战略管理的定位，还要从知识产权发展的全局出发，协调处理好知识产权管理体系和行业内企业战略体系之间的关系。

2. 石油天然气装备制造业知识产权战略管理体系的协调性特征

石油天然气装备制造业知识产权战略管理涵盖了战略目标、能力、环境等系统，战略目标的实现，涉及多个层次的多个主体，要求系统内部各主体在行动上达成一致，而一致性集体行动的达成是建立在一定的利益协调机制基础上的，通过利益协同机制的构建，推进其知识产权战略管理目标的实现。

3. 石油天然气装备制造业知识产权的价值性特征

石油天然气装备制造知识产权战略管理体系以知识产权自身价值的最大化为根本目标，强调石油天然气装备制造业内部组织间的互动和知识、信息的沟通，在互动中构建起知识共享机制，通过不断发掘石油天然气装备企业潜在的和长远的知识产权需求，不断地进行技术创新和联合攻关，并通过知识产权的申请、保护、运营，以充分发挥知识产权的作用，提升石油天然气装备制造业的整体技术水平和竞争能力，为石油天然气的安全供给服务。

4.4　石油天然气装备制造业知识产权战略管理体系的构建

企业集成管理是一种不同于传统线性管理的管理理念。我国石油天然气装备制造业要实现创新，迫切需要通过引入集成管理思想、战略管理思想，对相应的系统结构和组织管理结构进行变革，追求知识产权管理的非线性效益，因此，构建起与我国石油天然气装备制造业发展相符的知识产权战略管理体系势在必行。

4.4.1 石油天然气装备制造业知识产权战略管理体系构建的基本原则

坚持走中国特色的新型工业化道路，以技术创新发展为主题，以提质增效为中心、加快新一代信息技术与制造业深度融合发展，推进智能制造，以满足经济社会发展和国防建设重大技术装备的需求，促进产业转型升级，培育有中国特色的制造文化，实现由制造大国向制造强国的转变是《中国制造 2025》提出的我国装备制造业转型升级的总体目标。同样地，石油天然气装备制造业也面临着如何转型升级的重大问题。在新形势下，石油天然气装备制造业要成功转型升级就必须加强知识产权战略管理体系，其总体上应遵循以下原则。

（1）创新驱动原则。在新的经济、技术形势下，围绕油气资源勘探、开发、储运、炼化和销售等石油天然气生产供给客观上要求石油天然气装备制造不断地进行技术创新，围绕其生产经营活动中的重点领域和关键共性技术进行独立攻关和合作创新，共同促进石油天然气装备制造业数字化、网络化、智能化发展。在石油天然气装备制造业“三化”过程中，知识创造、技术创新具有重要的基础性作用，也只有以技术创新才能驱动石油天然气装备制造业的转型升级，才能有效地满足石油天然气生产经营活动变化的需要。

（2）质量优先原则。坚持把质量作为石油天然气装备制造业转型升级的主要目标，强化以企业为主体的质量管理，加强质量技术攻关、培育自主品牌，是石油天然气装备制造业知识产权战略的核心内容，这客观上要求在其知识产权战略管理过程中必须建设石油天然气装备制造业的质量标准体系、质量监管体系和先进的质量文化，坚持走以质量为核心竞争力的石油天然气装备制造业知识产权战略管理的道路。

（3）绿色发展原则。坚持把可持续发展作为石油天然气装备制造业转型升级和知识产权战略管理的重点，节能环保技术、工艺、装备推广应用既有利于石油天然气装备制造业的清洁生产，也有利于改善石油天然气勘探、开发、炼化、储运和销售对环境的污染。坚持绿色发展的理念意味着石油天然气装备制造业应倡导资源利用减量化、产品再使用、废弃物再循环的“3R”原则，构建起石油天然气装备制造业的绿色制造体系，提高石油天然气装备制造业的生态文明水平。

（4）结构优化原则。坚持把结构调整作为石油天然气装备制造业转型升级和知识产权战略管理的关键环节，大力发展先进制造，推动生产型制造向服务型制造转变。优化石油天然气装备制造业的空间布局，培育一批具有核心竞争力的石油天然气装备制造业产业集群和企业群体，走优化结构的知识产权战略管理发展道路。

（5）以人为本原则。坚持把人力资源作为石油天然气装备制造业转型升级和知识产权战略管理的根本，建立健全科学合理的选人、用人、育人机制，加快培养石油天然气装备制造业和知识产权战略管理发展急需的专业技术人才、经营管理人才、技能人才，建设一支素质优良、结构合理的石油天然气装备制造业和知识产权战略管理人才队伍，坚持人才为本的知识产权战略管理发展道路。

4.4.2　石油天然气装备制造业知识产权战略管理体系的分析

知识产权战略环境研究、战略情报、战略组织与战略控制系统是石油天然气装备制造业知识产权战略管理体系的有机部分。如图 4－2 所示，从静态角度看，石油天然气装备制造业的知识产权战略管理体系始于战略目标，涵盖了战略制定、实施和控制三个阶段，不同阶段内包含不同的工作内容，在对石油天然气装备制造业的内外环境分析的基础上形成战略情报，以情报为信息基础进行战略选择、实施、评价和反馈；如图 4－3 所示，从动态角度看，石油天然气装备制造业的知识产权战略是一种点战略决策和过程决策，除静态战略管理内容外，还必须对竞争对手的竞争战略进行预测并作出判断和战略选择，包括了动态战略管理内容。

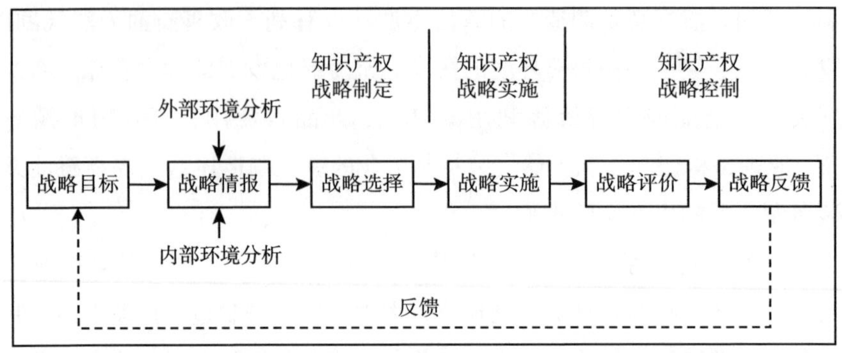

图 4－2　石油天然气装备制造业知识产权战略管理静态体系

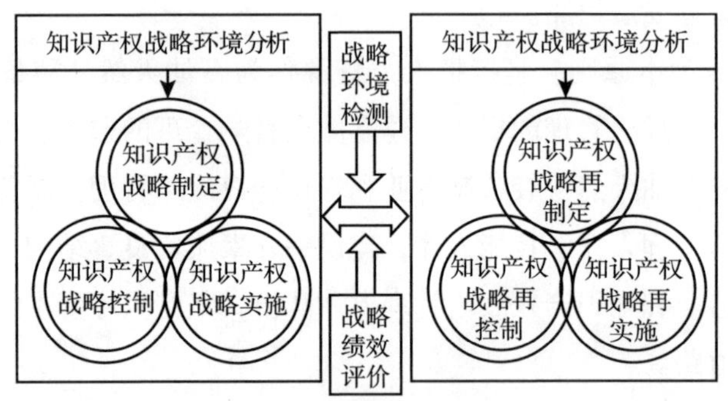

图 4－3　石油天然气装备制造业知识产权战略管理动态体系

通过战略环境分析、战略选择、战略实施与绩效评价对石油天然气装备制造业的知识产权进行战略管理，实现石油天然气装备制造业知识产权战略管理目标，这是知识产权战略管理体系的核心部分。石油天然气装备制造业知识产权战略目标是根据内外部环境分析并结合自身资源和能力确定长期目标；知识产权战略目标的制定是为行业战略目标服务的，应充分发挥支撑作用；根据知识产权战略的目标，选择制定有利于实现目标的战略方案并有效实施事关石油天然气装备制造业知识产权战略的成败。在实施过程中，内外部环境的改变与战略实施力度和状况都会影响知识产权战略的实施结果，因此应适时作出相应调整，使最终结果向预期目标方向发展。对战略管理过程中发现的问题、实施结果等进行评价分析，其目的是为下一步的知识产权战略管理决策提供参考。

知识产权战略管理的环境分析、战略制定、实施和评价控制构成了知识产权战略管理系统，知识产权战略管理目标的实现离不开这些系统之间的协调配合。从静态角度来看，这几个系统是渐次推进，从属于知识产权管理体系；从动态角度上来看，这几个系统在空间上同时进行，各系统之间相互关联，系统效能相互影响，且循环往复，共同作用于石油天然气装备制造业知识产权战略目标。

4.4.3　石油天然气装备制造业知识产权战略管理体系的构建模式

石油天然气装备制造业知识产权战略管理系统的运作与知识产权战略目标的实现是以一定的组织机构、人员系统和制度为基础条件的，组织机构、人员体系和制度体系为石油天然气装备制造业的知识产权战略管理的支撑体系。

1. 石油天然气装备制造业知识产权战略管理组织机构的设立

石油天然气装备制造业知识产权战略管理是以行业内企业知识产权战略管理为基础的。企业知识产权内生于企业研发部门、生产部门和销售部门，是以客户需求和企业的生产经营活动为载体的知识创造过程。企业知识产权管理部门本身并不直接产生知识产权，这客观要求知识产权管理部门与其他职能部门之间的信息交流，进行纵、横两个方面的沟通协调，以服务于石油天然气装备制造业的知识产权战略管理。总体上，石油天然气装备制造业的组织机构构建可以通过以下三种方式来实现。

（1）纵向构建。石油天然气装备制造业的发展需要不断地与外部市场联系，从顾客需求角度进行技术创新。然而受制于体制约束，我国石油天然气装备制造业的市场结构较为单一，创新能力明显不足，加大创新投入是我国石油天然气装备制造业在面临外部竞争压力时的必然选择，这客观上要求研究部门与知识产权部门紧密合作，两者之间的合作有利于信息传递，有利于知识产权战略与企业技术研发战略的协同，但横向合作却不利于与上级管理部门和管理者之间的沟通，不利于企业知识产权战略在整个企业的开展与实施，因此在石油天然气装备制造业中，知识产权战略管理机构的建设需要充分发挥行业协会的作用，充分发挥行业内优势企业的作用，通过行业协会和优势企业的倡导与支持，纵向构建起涵盖行业内企业的知识产权联盟组织，以形成知识产权战略管理的平台。

（2）横向构建。目前，多数石油天然气装备制造企业的组织结构多是直线型结构，各部门横向沟通困难，研发部门与市场相关部门联系不紧密。矩阵式组织结构是以项目或产品为中心任务的横向直线型组织，与以职能为中心的直线型组织实现有机的结合，扁平式的组织结构设计可以确保企业沟通的及时性、严密性和灵活性，有利于石油天然气装备制造业的技术创新和竞争能力的提高。同样地，立足于整个石油天然气装备制造业的知识产权战略管理，应针对行业内企业之间竞争有余而合作不足的现状，转变观念加强企业之间的技术合作，建立起企业之间的知识产权共享机制，组建起涵盖供应商、生产商、用户一体化的知识产权战略管理组织。

（3）创新团队集成。目前，石油天然气装备产品用户需求逐渐个性化。然而国内各大企业各自为政，资金分散，在技术研发上多以大型石油天然气装备企业为模仿对象，工艺技术与装备技术脱节，成套服务能力较低，急需对技术创新力量进行集成。大、中、小型石油天然气装备企业之间按照比较优势进行合理的分工协作，建立起战略合作伙伴关系，针对市场个性化需求，通过适度分工合作，内外部资源整合，可以有效地提高大、中、小型石油天然气装备企业的研发能力。大、中、小型石油天然气装备制造业共同围绕石油天然气生产过程中的关键技术进行联合攻关，不仅学习效应明显，而且通过合作创新，有利于行业内的知识产权战略联盟的形成和知识产权的共享，有利于提高行业的知识产权战略管理水平与整体的竞争力。

2. 石油天然气装备制造业知识产权战略管理制度体系的构建

不同的制度安排决定了石油天然气装备制造业知识产权战略管理体系的绩效水平。总体上石油天然气装备制造业知识产权战略管理的制度包括了保护、转化应用、发明激励、管理人才培育制度等，各项制度相互作用、相互影响，从而构成知识产权战略管理的制度体系。

（1）知识产权保护制度建设。在国际和我国有关知识产权的法律、法规框架下，知识产权保护制度能够有效地保护和利用知识产权主体的权益，是一种有效的激励制度。知识产权保护制度的存在有利于知识生产和技术创新，有利于人类社会的进步。石油天然气装备制造业的知识产权多以技术发明专利为主，围绕技术发明专利制定明确清晰的保护制度，如技术合同签订制度、技术信息定期录入制度、开发制度、定期检查制度、技术利益传承制度和保密制度的建设将有利于对知识产权形成保护环境。为此，石油天然气装备制造业行业协会应根据行业特征出台相应的知识产权保护制度体系和使用参考，以规范行业内企业的知识产权战略管理行为。

（2）知识产权成果转化制度。知识生产、专利发明的最终目的是为企业带来实际利润。石油天然气装备制造业产品的成本高且固定，对发明应用的专利要求严格，专利成果转化过程需要一定的时间，才能最终投入使用。为促进知识产权成果的转化，企业知识产权部门应设立专门机构对技术转移的可行性进行分析和论证、寻求发明技术转移的合作伙伴、促使发明的市场化，负责技术的后续开发等工作。立足于石油天然气装备制造业，应充分发挥行业协会的作用，定期发布知识产权供需信息，为专利技术的转化搭建交易平台，并形成相应的交易程序以保证交易双方的合法权益，促进知识产权成果的转化。

（3）职务发明激励制度建设。员工是企业知识生产和技术创新的主体，其作用与相关的激励制度安排有关。总体上，对员工的职务发明应采取物质激励与精神激励相结合的方法，以调动其积极性。企业在设立职务发明激励制度时，应对设奖条件、受奖办法和违规责任进行明确。设奖条件应科学合理，既不能过高，让员工感觉到不可能完成，也不能过低，从而失去激励的作用。激励制度办法应明确具体，并与设奖条件相匹配，与技术难易程度、开发成本和产出相对应。

（4）管理人才队伍培育制度建设。石油天然气装备制造业知识产权以技术创新和专利发明为主，员工的发明与创造是企业创新的重要基础，知识产权管理应坚持全员参与的原则。通过知识产权管理知识的培训与企业有效的激励制度鼓励员工主动学习，为企业创新提供智力保障。国内油气装备制造业中以中小型企业为主，综合实力较低，没有更多的精力对企业全员进行系统的知识产权管理培训，在职务发明创造这一方面的能力比较弱。技术研发与发明转化需要知识产权管理人员与技术研发人员密切配合。充分发挥知识产权管理人员的专业优势，是石油天然气装备制造业知识产权战略管理人员的基本义务，其职责和义务履行有利于提升石油天然气装备制造业的转型升级发展，有利于石油天然气装备制造业知识产权战略管理目标的实现，这凸显了石油天然气装备制造业知识产权战略管理人才队伍建设的重要性。然而，立足于整个石油天然气装备制造业的知识产权战略管理人才队伍的现状，不仅数量不够，而且质量也差强人意，人才队伍建设任务重，这客观上要求加大相关的人才制度建设力度，以提升石油天然气装备制造业的知识产权战略管理水平。

4.5　本章小结

新工业革命给中国制造带来了机遇和挑战。知识产权管理人才体系不完善、技术创新能力不足、品牌战略管理能力缺乏和相关基础设施及现代服务业建设发展滞后的一般性特征与石油天然气装备制造业的产业竞争、经济环境和管理压力对其知识产权战略管理体系的构建提出了新要求。石油天然气装备制造业的知识产权战略管理应坚持创新驱动、质量优先、绿色发展、以人为本的原则，构建其静态和动态管理模式，通过不断完善知识产权战略管理机构和制度来促进石油天然气装备制造业知识产权战略管理水平的提高。

第5章

石油天然气装备制造业知识产权战略选择研究

战略选择是战略管理的重要组成部分，是对多个不同的战略方案进行比较，目的是要从中选出比较合理的战略组合方案。石油天然气装备制造业知识产权战略选择是立足于行业知识产权战略目标和行业发展总体战略，从行业内外部环境、市场、技术发展、竞争对手等多方面进行分析，辨识机会与威胁、优势和劣势的过程。在现有研究的基础之上，建立石油天然气装备制造业的知识产权战略模式是战略选择的基本任务。现有战略管理研究将战略管理活动分为战略环境分析、选择、实施与评价四个阶段，并明确了每一阶段的核心任务。知识产权战略选择是知识产权战略制定的关键环节，是以知识产权战略环境分析为基础，利用战略分析工具，从众多知识产权战略中选择合适的、可实施的知识产权战略的过程。

总体上，知识产权战略模式可以归结为进攻型、防御型和攻守兼备型，运用SWOT分析法对实施知识产权战略的环境进行分析，引入战略聚类模型并结合知识产权战略，以专利价值高低，企业竞争能力的强弱来建立模型的四个象限，知识产权战略行动主体可根据自身情况选择相应的战略（翁建兴，罗建华，2006）。行业知识产权战略选择也可以SWOT分析为基础，从市场结构、国家和地方的技术创新和知识产权政策、产品特性等外部指标并结合行业发展战略、技术创新能力、知识产权管理能力和知识产权价值四个方面的内部指标，从两个层面构建评价指标体系，为处于创新过程中不同阶段的知识产权战略行动主体建立知识产权战略选择模型（周英男，杜鸿雁，2007）。

行业知识产权战略管理与行业技术发展、技术市场供需和制度安排有关，因此，行业的知识产权战略选择也可以从市场、技术和产权三个维度基于技术、市场和产权而构建起相应的分析框架，为行业知识产权战略选择提供选择空间，行业内企业可从行业环境、企业资源、技术战略、技术能力、企业知识产权战略和战略绩效六个方面构建起企业知识产权战略选择模型。石油天然气装备制造业知识产权战略选择的探索性研究有利于提高石油天然气装备制造业的整体产权战略管理水平。

本章在对知识产权战略类型、适用条件进行分析基础上，具体研究了其选择方法，并以四川石油天然气装备制造业为例，对其SO、ST、WO和WT战略进行了探讨，进一步完善了石油天然气装备制造业知识产权战略选择的研究。

5.1 石油天然气装备制造业知识产权战略分类与适用条件

行业是由众多既有共性特征又有差异性的企业组成的。行业层面的知识产权战略管理与企业层面的知识产权战略管理具有相同性决定了企业层面的知识产权战略选择的可借鉴性。通过内外部环境分析，结合行业自身资源和能力选择相应的知识产权战略模式与战略组合模式是石油天然气装备制造业知识产权战略选择的核心内容。在行业知识产权战略与行业内外部环境相匹配的过程中，每一种知识产权战略都有它自身的特殊性和适用条件，因此，石油天然气装备制造业知识产权战略选择客观上要求决策者在充分理解每一种知识产权战略的适用条件、行业的内外部环境的基础上，选择与行业特征相适应的知识产权战略，是行业特征、内部条件能力与环境的动态匹配过程。

5.1.1 进攻型知识产权战略与适用条件

1. 进攻型知识产权战略

进攻型知识产权战略是在国家知识产权法律、法规的框架内，通过积极、主动的专利申请或其他知识产权的获取，抢占或达到垄断某一产品或服务市场的目的，从而使企业在市场竞争中处于有利地位，获取垄断收益。主动性是进攻型知识产权战略的显著特征。如果行业内的多数企业以技术研究开发为基础，以获取专利与技术标准为重点，以专利技术为市场竞争的主要手段和方式，通过专利申请、运营达到技术垄断，提高技术进入门槛，从而形成相对竞争优势，那么这个行业的知识产权战略类型则为进攻型的。与进攻型的知识产权战略密切相关的战略包括基本专利策略、专利组合策略、知识产权收买与出售组合策略、专利和商标组合策略、标准与专利池组合策略等。行业内的企业可单独使用其中一种或将这几种策略进行组合，形成适合自身条件的知识产权战略组合模式，见表5-1。

表5-1　　进攻型知识产权战略及其适用条件

具体战略类型	适用条件
基本专利策略与专利的组合策略	企业具有先导性的核心技术，研发人才资源丰富； 知识产权管理能力较强，知识产权管理制度完善
知识产权收买与出售的组合策略	自行开发的专利技术有一定的市场价值； 资金实力雄厚，被购买的专利应具有较大的市场开发潜力与竞争力； 存在知识产权需求方，知识产权服务市场完善
专利和商标组合策略	商标保护与专利保护结合，在保护期内，企业可利用专利权的专有性形成产品优势； 产品成熟后，可将专利与商标分离，确保在专利失效后，产品仍具有品牌价值
标准与专利池组合策略	研发资金有限，研发能否成功以及能否被接纳为标准都存在风险； 存在愿意进行技术联盟的企业

2. 进攻型知识产权战略的适用条件

（1）行业内企业的技术创新能力强。进攻型知识产权战略是企业运用技术创新成果，通过知识产权去主动地适应市场并保持市场竞争优势的一种战略模式，也就是说企业应该首先拥有技术创新成果，否则其进攻型知识产权战略则会沦为无水之源。在拥有技术创新成果基础上，企业通过铺设专利网、专利陷阱、专利技术许可、专利产品贸易等方式占领市场，形成对市场进行垄断的战略。因此，进攻型知识产权战略的实施是以高质量、高水平的发明专利为基础，而较强的技术创新能力则需要有良好的人力、物力资源作为支撑。企业如果要实施进攻型知识产权战略，就必须加强基础研究投入，或者立足于自身的优势领域，集中资源加大科研投入，或者借助合作的方式通过产学研的形式以创造更多的知识和专利成果，以满足其进攻型知识产权战略的需要。

（2）行业内的技术转化能力强。进攻型知识产权战略的最终目标要体现在企业所提供产品和服务给消费者所提供的价值上。因此，较强的生产制造能力和市场营销能力是行业较强的技术创新能力的逻辑延伸，也是实施进攻型知识产权战略的重要条件。在新技术产业化、市场化方面具有较强的知识产权运营能力，能够在该技术领域取得主导地位，最大限度地获取市场控制权力。

（3）行业企业具备较强的经营管理能力。知识产权在企业生产发展中的作用决定了知识产权规划、知识产权制度的建立和完善、品牌宣传和维护的重要性，然而这些工作的完成需要企业具备较强的经营管理能力。企业的综合实力、知识产权规划、管理、控制，以及知识产权商品化能力都影响着企业进攻型知识产权战略的实施效果。

（4）完善的知识产权制度体系和法律环境。进攻型知识产权战略是建立在知识产权保护基础之上的，这客观要求目标市场所在国的知识产权制度体系是完善的。完善的知识产权制度体系与法律环境是企业实施知识产权战略的外部保障，不仅保护了企业基本专利、外围专利、商标，而且也为企业知识产权的市场化运营和资本化、证券化创造了条件，企业内部完善的知识产权管理制度是其进攻型知识产权战略的制度保证，也是实施知识产权战略的内部保障性措施。

5.1.2　防御型知识产权战略与适用条件

防御型知识产权战略和进攻型知识产权战略是相对而言的，不是相互对立的。防御型知识产权战略是当企业受到其他企业的知识产权战略进攻或竞争对手的知识产权对企业经营活动构成威胁时，为保护自身利益或将损失降到最低的一种知识产权战略。防御型知识产权战略是企业利用知识产权来保护自己的权益，以摆脱他人知识产权约束的一种策略性手段。通常，企业可采用外围专利策略、交叉许可策略、追随专利策略、利用失效专利策略、商标申请和许可等策略来应对竞争对手的知识产权战略挑战（见表 5 -2），也就是说外围专利、交叉许可、追随专利、利用失效专利、商标申请和许可策略构成了企业或行业的防御型知识产权战略手段。

表 5 -2　　防御型知识产权战略及其适用条件

具体战略类型	适用条件
外围专利策略	技术创新能力尚不能与同行先进水平的企业抗衡； 企业善于运用法律提供的条件，并构建专利网
交叉许可策略	存在愿意合作的领先技术型企业； 企业面临的技术环境比较复杂，竞争对手的专利与本企业的比较相近对本企业的生产经营造成障碍
追随专利策略	时间与研究经费有限； 学习研发能力较强； 选择追随的创新技术还具有进一步开发与挖掘的潜在价值
利用失效专利战略	企业技术开发能力和经济实力较差，技术开发费用不足
商标申请和许可策略	企业拥有品牌管理能力但生产能力不足

当企业技术创新能力较弱、人力资源匮乏、时间和经费明显不足，且相关知识产权法律、法规较为完善，企业可以采取防御型知识产权战略，这也是企业防御型知识产权战略的适用条件。

5.1.3 攻防兼备型知识产权战略与适用条件

攻防兼备型知识产权战略是进攻型战略和防御型战略的权衡和取舍的结果，是一种权变性战略。我国石油天然气装备制造业正处于快速发展阶段，有一定技术与市场基础，但与国外同行相比，核心技术能力不足，法律、法规不够健全制约着我国石油天然气装备制造业的发展。面对国外石油天然气装备制造业的知识产权战略，攻防兼备的知识产权战略是可行的。对于实力较强的企业，可在采取进攻战略的同时使用一定的防御战略作为保障，对于实力较弱的企业可以更多地采取防御型的知识产权战略。根据竞争环境采取灵活多变的知识产权战略，在进攻型与防御型之间作出取舍，进行合理的组合不失为我国石油天然气装备制造业现阶段的一种权衡策略。

5.2 石油天然气装备制造业的知识产权战略聚类选择

5.2.1 知识产权战略聚类模型分析

通过对企业外部环境与内部资源、条件和能力的分析，并对企业内外部环境进行分类、量化、总结，可以有效地帮助石油天然气装备制造业进行知识产权战略选择。总体上，战略选择离不开方法的应用。目前，有关战略选择的工具既有定性工具，也有定量工具，不同工具对具有的资料条件有着不同的要求。我国石油天然气装备制造业内部企业之间的技术发展水平、知识产权战略管理水平存在着差异，因此，对其战略选择进行类型化研究更有价值和意义。小汤普森（A. A. Thompson Jr.）和斯特里克兰（A. J. Strickland）在波士顿矩阵的基础上，提出了战略聚类模型。如图 5 - 1 所示，战略聚类模型根据市场增长速度和竞争地位强弱两个维度对企业所处环境进行组合分类，将企业所处环境分为四个象限，不同象限的企业战略选择也不同，从而为企业战略选择提供了决策参考（翁建兴，罗建华，2006）。

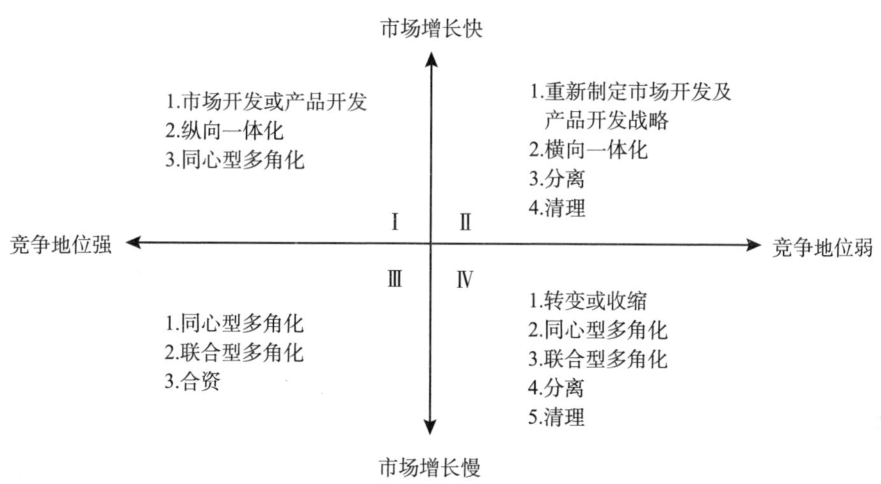

图 5－1　战略聚类模型

具体地，以企业竞争地位强弱为横轴，以市场增长速度快慢为纵轴将企业所处的环境划分为四个象限，分别匹配不同的战略。处于不同市场增长率和竞争地位的企业战略选择有不同的类型。战略聚类模型既是一种分类战略管理方法，也是一种战略组合工具，为不同企业和行业的战略选择提供了方法借鉴。

将战略聚类模型应用于石油天然气装备制造业的知识产权战略的基本步骤包括以下 3 项。

（1）构建与石油天然气装备制造业相关的参数。技术创新能力、综合竞争能力和知识产权管理水平共同构成了战略选择空间，是影响石油天然气装备制造业知识产权战略选择的三个关键因素。目前，我国石油天然气装备制造业知识产权总体管理水平不高，缺少专门的知识产权管理人员，在石油天然气装备制造业中，仅有少数几家实力较强的石油天然气装备制造企业设置了专门知识产权管理部门，配备了专业人员对企业的知识产权进行系统化的管理。因此，在进行战略选择上，知识产权管理水平这个维度暂不考虑，在此基础上选择技术创新能力与综合竞争能力两个因素，并将其纳入到聚类模型中，建立起适合石油天然气装备制造业的知识产权战略选择模型。该模型以企业技术创新能力的强弱为纵轴，知识产权价值高低为横轴，并结合我国石油天然气装备制造业中专利为主的知识产权特征，以专利价值高低为知识产权价值的替代变量，建立起石油天然气装备制造业知识产权战略聚类模型。

（2）确定与石油天然气装备制造业知识产权战略选择相关的参数。通过实地调研，根据现场专家和技术人员的意见，石油天然气装备制造业技术创新能力可以进一步细分为产品研发设计能力、创新产品设计能力和创新产品产出能力，三个维度可以判断企业技术创新能力的强弱；技术型企业内外部战略环境，选取专利的质量指标与效益类指标，确定该专利的市场价值和给企业带来的经济效益。

（3）建立石油天然气装备制造业知识产权战略选择聚类模型。

5.2.2　石油天然气装备制造业知识产权战略选择的聚类模型

在聚类模型的基础上，结合对石油天然气装备制造业的知识产权战略相关参数进行改进，可以构建如图 5－2 所示的石油天然气装备制造业知识产权战略选择模型。在此模型中各象限分别以专利价值的高低与技术创新能力的强弱进行组合，不同组合的结果是不同的，石油天然气装备制造业应根据不同的技术创新与知识产权价值高低选择不同的知识产权战略或战略组合。

1. 第Ⅰ象限内企业的知识产权战略选择

位于第Ⅰ象限内的企业，其技术创新能力强，拥有高价值的专利。一般地，这类企业在资金和技术等方面实力雄厚，战略优势明显。在国内制造业转型升级的大背景下，这类企业应实施攻防兼备的知识产权战略，采取专利与商标结合的战略进行专利和商标保护，不断挖掘和提升专利的信誉与价值，维护好企业良好的市场形象以获得更好的市场利益。企业可将专利交叉许可和外围专利策略作为企业知识产权战略并纳入企业生产经营战略中，有偿转让企业研究开发出来的专利技术，也可以通过强强联合，共同开发专利

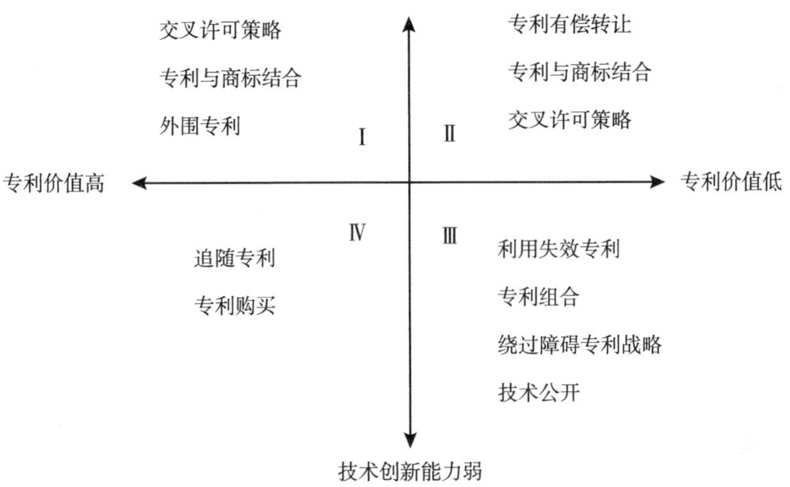

图 5－2　石油天然气装备制造业知识产权战略聚类选择模型

和专利技术交流，促进企业竞争力的提高。同时，企业应在基本专利周围开发外围专利，形成外围专利网，在保护基本专利的同时又形成对他人的控制。

2. 第Ⅱ象限内企业的知识产权战略选择

位于第Ⅱ象限的企业技术创新能力强，但其专利价值低，可能会导致企业的技术竞争力弱。以此为背景，石油天然气装备制造企业可以选择专利有偿转让、专利与商标结合、交叉许可策略结合战略，充分发挥知识产权的效用，增加商标的价值，提高企业的竞争能力。企业在产品的营销渠道建设和客户关系管理上投入人力、物力，深度开发商标、品牌的价值。如果通过上述专利战略尚未能有效提高企业竞争力，则可考虑选择专利交叉许可战略，以出让企业专利技术使用权，用以提升本企业竞争能力。

3. 第Ⅲ象限内企业的知识产权战略选择

位于第Ⅲ象限的企业总体技术创新能力弱，拥有的专利价值也不高，竞争力较弱。目前，我国石油天然气装备制造业中的大多数企业都是这种状况，企业规模不大，在资金和技术开发等方面都不具备明显优势，且企业所拥有的专利价值较低。这一类型企业可以充分利用失效专利等防御型专利战略来抵抗其他企业的专利进攻。同时，采取技术追随型的知识产权策略，以国内龙头企业与国外大型油气装备企业为标杆，通过学习、观察技术先进企业的创新活动和经验，收集追随企业的专利信息与情报，选择成功的创新技术对企业技术进行改进，不仅可以减少企业研发经费投入，而且可以降低企业创新风险。除此之外企业还可选择放弃一些低价值的专利以减小维持专利的费用。

4. 第Ⅳ象限内企业的知识产权战略选择

位于第Ⅳ象限的企业整体技术创新能力弱，但企业拥有的专利价值高。这类企业通常规模实力强而技术研究开发能力弱。目前，我国石油天然气装备制造业大多数是有技术，但知识产权管理水平低，建立知识产权保护体系是其首要任务，在知识产权运用过程中可选择追随专利或者通过购买专利的方式来提高企业自身的专利水平，从而提高企业的知识产权战略管理效益。

5.3 四川石油天然气装备制造业知识产权战略选择

5.3.1 四川石油天然气装备制造业知识产权 SWOT 分析

SWOT 分析是对组织存在的优势（Strengths）与劣势（Weakness）、面临的机会（Opportunities）与威胁（Threats）进行整合分析的方法，也是企业战略选择的一种工具和方法。SWOT 分析通过调查列举企业发展进程中的优势、劣势、机会与威胁，并采取矩阵形式进行排列，以构建起企业战略环境。SWOT 分析强调战略环境分析的系统性，强调战略与环境的一致性，依照 SWOT 分析方法而得到的相关战略具有一定的决策参考价值，受到了战略决策者普遍认可和推崇。

根据 SWOT 分析方法，我们对四川石油天然气装备制造业的知识产权战略环境进行了调查，具体方式包括走访企业相关负责人、相关专业部门专家、政府知识产权管理部门、收集相关网站数据并参阅相关统计年鉴，以得到影响四川石油天然气装备制造业知识产权战略的内外部关键要素，从表 5－3 可知，影响四川石油天然气装备制造业的外部关键因素有知识产权法律环境、市场结构、资本市场、劳动力市场和技术环境；影响四川石油天然气装备制造业的内部关键因素有企业战略、技术研发、生产制造、知识产权价值和知识产权管理水平。将调查得出的各种因素按照一定标准进行排序，构造 SWOT 矩阵，见表 5－4。

表 5－3　四川石油天然气装备制造业知识产权战略内/外部环境关键要素及权重

外部环境关键要素及权重							内部环境关键要素及权重						
要素	权重（1～5）						要素	权重（1～5）					
	专家1	专家2	专家3	专家4	专家5	平均值		专家1	专家2	专家3	专家4	专家5	平均值
知识产权法律环境	3	2	3	4	3	3	企业战略	3	3	4	2	3	3
市场结构	2	3	3	3	3	2.8	技术研发	2	3	3	3	2	2.6
资本市场	2	3	3	3	2	2.6	生产制造	3	2	2	2	2	2.2
劳动力市场	3	2	2	3	4	2.8	知识产权价值	2	2	3	3	3	2.6
技术环境	3	3	4	3	4	4	知识产权管理水平	3	4	3	3	3	3.2

表 5－4　四川石油天然气装备制造业知识产权战略选择的 SWOT 矩阵

系统因素 / 环境因素		Strengths 优势	Weakness 劣势
		目前拥有的知识产权在行业内的价值较高，多项技术研发取得重大进展 民营上市企业，资本投入能力强	战略意识薄弱，适应能力差 综合实力有限，管理体系不完整
Opportunites 机会	政府政策支持 鼓励产学研结合	SO	WO
Threats 威胁	国内传统油气装备制造基地的振兴	ST	WT

在环境因素分析和SWOT矩阵构造基础上，可以确定四川石油天然气装备制造业的知识产权SWOT战略组合类型，见表5－5。

表5－5　　四川石油天然气装备制造业知识产权战略组合类型

SO战略 以进攻型知识产权战略为主，积极进行技术创新，以获得独特的竞争优势甚至是技术、市场垄断优势	WO战略 以防御型知识产权战略为主的混合战略
ST战略 进攻型知识产权战略与防御型知识产权战略相结合	WT战略 采用防御型知识产权战略

5.3.2　四川石油天然气装备制造业的SO战略

绿色环保是中国制造业由低端向高端的发展目标，为此国家先后出台多项政策鼓励支持绿色环保装备的发展。为推动国内页岩气产业的健康发展，国家也出台了相关政策鼓励企业采取对外合作的方式引进国外企业的先进技术。一方面，四川石油天然气装备制造业应当抓住当前行业优化转型与国家推动国际产能合作的历史机遇，在国家政策的大力支持下，不断提升企业的学习能力，提高企业的技术消化吸收能力，将国内外专利技术转化成为自己的技术优势；另一方面，企业应加大人才队伍建设力度，在大量引进人才的同时，不断完善企业内部的激励制度，通过有效的激励机制来激发科研工作人员的创新精神和创新能力，通过创新来实现企业的知识产权的增加和增值，从而提高企业在知识产权管理方面的综合竞争力。

5.3.3　四川石油天然气装备制造业的ST战略

油价波动的压力必然会对石油企业的生产策略产生影响，勘探开发投资的减少势必会导致国内企业石油天然气装备需求数量的减少，国内石油天然气装备制造业面临严峻形势。目前，四川石油天然气装备制造企业大多数面临着订单迅速减少的现实困难，生产任务不足已经成为四川石油天然气装备制造业内企业的普遍现象。面对当前的严峻的形势，四川石油天然气装备制造业应做何种选择已经成为关键。对于那些资金实力雄厚、技术创新能力强的石油天然气装备企业，低迷的经济也许正是企业进行技术改造与技术创新的良好时机，企业不能因为外部市场需求的不足而减少企业技术研发方面的投入，降低知识产权管理方面的投入，反而更应该继续推进专利战略，将更多的资金投入到企业的技术研发上，为经济好转后的发展积蓄力量。根据油气产业未来发展趋势，一是四川石油天然气装备制造业中有能力的企业可以加快海洋油气开采设备的研发，以满足国家深海油气资源勘探开发的需要；二是通过产学研结合的方式加大对油气工业环保设备的研发力度，以满足油气行业绿色、低碳发展的需要；三是加大非常规油气开采设备的成型和配套，以尽快形成规模和能力，以满足我国非常规油气资源大规模开采的需要；四是加强对企业核心技术，商标等知识产权的保护与控制，将工程服务和技术服务结合，围绕产品增值服务提升企业品牌知名度，形成有世界竞争力的油气勘探开发成套方案的技术服务商。

5.3.4　四川石油天然气装备制造业的 WO 战略

四川石油天然气装备制造业除了少数龙头企业外，多数企业创新实力较弱，处于市场竞争中的不利地位。对自身创新能力不足和资源缺乏的石油天然气装备制造业而言，采取技术追随型的知识产权策略不失为明智之举，将有效地规避其弱势。技术追随型知识产权战略的实施客观上要求，企业应以国内龙头企业和国外大型石油天然气装备企业为标杆，通过学习、观察技术先进企业的创新活动和经验，收集追随企业的专利信息与情报，选择成功的创新技术对企业产品和生产工艺流程进行改进，不仅可以降低企业研发经费投入，减少因大量研发资金的投入而影响企业的正常运行，而且可以降低企业创新风险，有效地控制因创新失败而造成的损失。

5.3.5 四川石油天然气装备制造业的 WT 战略

四川多数石油天然气装备制造企业因发展历史、规模等多方面原因，其知识产权战略意识薄弱，管理体系不够完善，制约和影响着其健康发展，急需从战略高度去认识其知识产权管理。美国的凯文·里韦特、戴维·克兰认为：“在创造财富过程中，知识产权作为一种战略资源和竞争武器，扮演着强有力的新角色”。在油气装备制造产业中，专利数量与质量是体现企业创新能力的重要因素，专利权是技术成果取得知识产权保护的主要形式，企业应根据国家颁布的《中华人民共和国专利法》，制订本企业专利战略管理计划，并有效实施。虽然石油天然气装备制造业是技术密集型产业，但由于生产系统的复杂性，石油天然气装备制造业不仅在知识产权数量上不多，而且相应的知识产权保护制度和管理措施也有欠缺和不到位，企业的知识产权战略管理处于起步阶段，上述事实客观上给油气装备制造行业知识产权的战略选择带来了不利，但石油天然气装备制造业作为装备制造业的一个重要组成部分，企业可以参考国内装备制造业的知识产权保护制度，在对外合作、加工出口时寻求中介机构的帮助，以积极应对知识产权贸易壁垒，促进企业的知识产权管理水平的提升。

5.4 本章小结

石油天然气装备市场的日益严峻，使知识产权战略地位在行业发展和企业战略体系中的作用日益明显，合理地选择与行业和企业战略环境相匹配的知识产权战略是保证行业和企业成功实施知识产权战略的重要因素。知识产权战略和战略类型的选择是一个较为复杂的系统工程，受到多方面因素的影响。行业和企业知识产权战略与其他经营战略有相似之处，又有明显差别。以技术创新能力和专利价值为核心建立企业战略选择模型，为石油天然气装备制造业的知识产权战略选择提供了方法，以 SWOT 分析为基础，并以四川石油天然气装备制造业为例对其 SWOT 战略进行分析研究，是现代战略管理方法在石油天然气装备制造业的具体应用，根据优势、劣势、机会与挑战的不同组合而列举出 SO、ST、WO、WT 战略，极大地提高了战略与环境和自身能力的匹配度，提高了企业知识产权战略管理水平。

第6章

石油天然气装备制造业知识产权战略实施研究

知识产权战略实施是将战略方案与策略方针付诸实践的过程，事关行业或企业的知识产权战略目标的实现。知识产权战略实施是持续不断的活动，具有动态性特征。战略制定与战略实施过程是密不可分的，只有将合适的战略正确地付诸行动，战略才能获得成功，战略目标才会得以实现。总体上，行业或企业的战略实施具有严格性、应变性和恰当性（蓝海林，2015），严格性意味着在战略实施过程中企业战略意图、宗旨陈述和经营目标是不能轻易更改的；应变性是针对战略实施环境的动态性而言的，它要求行业或企业在战略实施过程中应根据外部环境的变化，创造性地适应和改变；恰当性要求行业或企业在战略实施过程中应将重点放在保证行业或企业战略管理者动态决策的有效性和优化行为恰当性的保证机制上。在知识产权战略实施过程中，如何完善知识产权战略实施的基本保障是重点，包括组织结构、制度、文化和知识产权战略落实的途径等。行业或企业知识产权意识、技术创新力度、知识产权管理、知识产权激励机制、知识产权中介机构、政府支持是影响和制约行业或企业知识产权战略实施的六个主要因素（操龙灿，杨善林，翟光瑞，2005）。完善的知识产权保护体系是行业或企业知识产权战略顺利实施的保障，高效的知识产权运用机制是行业或企业知识产权战略的归宿，因此增强知识产权意识、健全知识产权创新机制、完善知识产权保护体系、强化知识产权应用机制就构成了行业或企业实施知识产权战略实施的基本路径（邹开亮，2007）。

总体上，行业或企业知识产权战略实施的保障体系可分为显性保障体系和隐性保障体系，显性保障体系有利于完善行业或企业知识产权管理机构、规范行业或企业知识产权管理制度，隐性保障体系则包括了外部知识产权相关政策因素、产业因素和市场因素三个方面（陈伟，于丽艳，2007）。

本章以战略实施过程要素为基本视角，在对国内外知识产权战略实施方式进行比较的基础上，重点从石油天然气装备制造业的知识产权战略实施路径和策略两个方面进行了研究和探讨。

6.1　企业战略实施过程

企业从战略制定到战略实施是一个责任和目标转移、分解、资源配置、政策支持系统、保障体系建设的过程。企业战略实施过程中的责任和目标的转移、分解是企业不同层级管理者之间进行沟通、协调达成共识的过程，对企业战略目标的理解不仅决定了企业战略的实施进程和效果，也决定了企业资源在各部门之间的配置和配置效果。在动态环境条件下，企业战略实施将会受到外部不可预见环境因素的影响，建立起相应的政策支持系统和保障体系有利于降低企业战略实施的风险，从而提升企业战略实施的能力（蓝海林，2015）。从图 6 - 1 可知，企业或行业战略实施始于战略选择，终于战略实施绩效的评估和改进，目标分解和政策支持是战略实施的两项关键任务。

6.1.1　企业战略目标分解

一旦企业战略意图和使命确立后，为保证企业战略的顺利实施，企业需要把战略意图进一步细化、转化为具体的指标，需要建立起涵盖企业财务、

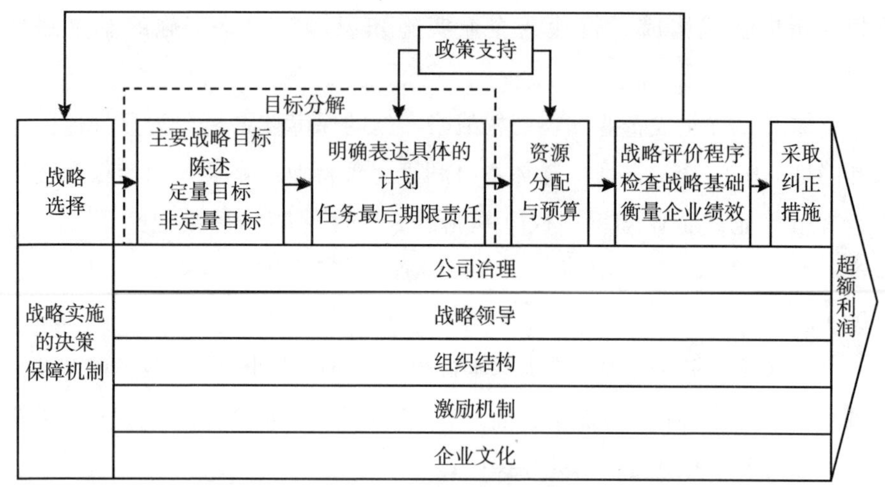

图 6－1　企业战略实施流程

资料来源：蓝海林．企业战略管理（第二版）[M]．北京：科学出版社，2015.

产品、市场、研发、管理等方面的各种子目标，从而形成企业的战略目标体系，由此可见，企业的战略目标体系是涵盖了企业各种产出的指标体系。在企业战略目标分解过程中，不同层面的管理者承担的责任是不同的，因此，科学合理的战略实施过程是全员参与过程，而这种参与是责任的承担和履行过程。企业战略管理者的主要职责是把总体战略目标变成年度目标；各职能部门的战略执行者和全体员工的主要职责是把年度目标细化为部门目标和岗位目标。在企业战略目标分解过程中，纵向层面目标传递一致性与横向层面目标因果关系一致性是关键，它有利于企业资源的配置和部门之间的一致性行动，是企业战略顺利实施的基础。

6.1.2　企业资源配置原则

企业战略的实施是企业资源投入—转化—产出的过程。资源的有限性和稀缺性是所有企业在战略实施过程中所必须面临的共同问题。资源的有限性和稀缺性决定了资源配置的重要性和经济价值。企业战略实施本质上是按照企业战略目标，对企业财力、物力、人力和技术资源进行重新分配。立足于企业战略实施层面，企业战略实施过程中的资源配置必须坚持三项基本准则，以确保企业战略目标的实现（理查德 · 林奇，2001）。

（1）进行配置的资源必须能够发挥充实企业行动与远景的功能，也就是说，企业应将有限的资源集中应用到事关企业战略目标顺利实现的关键领域和关键部门，应体现集中原则和重点原则。

（2）进行资源配置必须对关键战略形成支持，即把资源分配到最关键、最能实现战略价值的地方，要对企业核心能力形成支持，增强企业的价值链。

（3）需要考虑与战略实施相关联的风险程度，应对企业战略实施过程中的各种不确定性和风险作出预判，并编制相应的应急管理预案，配备相应的资源。

6.1.3　企业战略政策支持体系

企业战略是粗线条的、框架性的发展蓝图，与日常的工作计划有本质的不同。企业战略实施过程既会遇到相同的问题和事件，也会遇到突发问题和例外事件。战略实施过程中的相同问题和事件客观上要求有相应的制度安排，以规定问题和事件的基本处理程序，保证战略实施的有序性。与此同时，也应对突发性问题和例外事件出现时编制应急预案，以突出战略实施过程中的预见性和应变性。与战略实施相关的政策是战略实施方针、规范和秩序的统称，是为既定战略目标和各项工作顺利实施而制定的对相关活动的鼓励和禁止。在企业战略实施过程中建立政策支持系统有利于进一步明确企业经营活动方向，有利于规范员工行为，从而达到对战略管理者和战略执行者的行为控制，更好地协调企业上下级的关系，更好地平衡横向层面的业务单元的关系（弗雷德 · R. 大卫，2008）。相对于企业而言，支持企业战略实施的政策体系包括了公司级的政策支持、经营级的政策支持，以及部门之间的协调政策等，它们共同构成了企业战略政策支持体系。

6.2 国内外企业知识产权战略实施的比较研究

对企业而言，知识产权作为一种制度安排是外在的，具有强制性。企业或行业的知识产权战略实施是在外在的知识产权制度框架下，根据自身的资源、条件和能力，以及外部环境而选择资源配置并构建政策体系。由此可见，企业或行业的知识产权战略实施内生于企业战略，其实施过程与战略实施过程具有相同性。我国企业知识产权战略管理起步相对较晚，学习借鉴先进经验无疑对石油天然气装备制造业的知识产权战略实施是有益的。

6.2.1 国内企业知识产权战略实施现状分析

1. 政府主导的知识产权战略实施

政府的主要职能是培育有效率的市场，提供公共产品和服务。具体到企业知识产权方面，政府是通过资金引导、开发共性技术平台等方式来推进企业知识产权战略实施。政府通过制定和出台相应的知识产权法律制度、实施细则、规划等方式，引领一个国家或地区的知识产权发展方向，从而为企业营造良好知识产权战略实施环境，“逼迫”和“吸引”企业走上创新之路。我国知识产权战略从无到有，从有到逐渐规范，与国家和政府的主导作用密不可分。具体到石油天然气装备制造业的知识产权战略实施也经历了从无到有、到规范的过程，政府有关的知识产权发展规范、相关法律、法规发挥了重要作用。

2. 企业主导的知识产权战略实施

由于整个国家的知识产权法律、法规体系刚刚建立，企业作为知识产权的法律主体，在知识产权意识、知识产权战略管理方面处于起步阶段，其行为表现也正处于逐渐规范阶段。以四川省石油天然气装备制造业为例，首先，多数石油天然气装备制造企业对知识产权战略管理与企业可持续发展的关系认识不够清晰，在整个四川石油天然气装备制造业中，除像宏华、宝石集团下属分子公司外，其他石油天然气装备制造企业对知识产权战略管理重视不够。多数规模较小、资金力量分散的中小企业在新技术开发、产品生产和市场开拓中处于盲目无序的状况，对商标、专利和品牌等与企业知识产权相关的事务缺乏规划和具体的管理办法，企业的知识产权流失现象较为普遍。其次，缺乏相应的激励制度。无论是企业新技术的发明、新产品的研制都离不开技术人员的投入，如何调动相关科研人员的创新积极性是企业知识产权管理制度应有的内容。经过调查，在四川石油天然气装备制造业中，仅有三家企业专门出台了与企业的知识产权相关的奖励制度。

3. 多主体协同性的知识产权战略实施

在开放式创新背景下，突破传统的界限，实现资源的整合，实现协同创新是新形势对企业知识产权战略管理的基本要求。国内制造企业普遍存在内部知识产权战略与企业技术创新战略、市场创新战略、专利战略与商标战略等知识产权战略内部各战略之间缺少协同性的问题，其具体表现在追求短期效益、工艺研发与专利技术脱节、缺少核心技术、大而不强等。

6.2.2　国外企业知识产权战略实施的成功经验分析

1. 政府与市场合理分工

从美国的经验来看，知识产权战略的成功实施的关键是坚持了政府主导与市场促进相结合，整体推进与重点突破相结合的原则，企业知识产权战略推进富有成效（孙玉芳，2011）。日本在知识产权战略实施方面则充分发挥企业的主体作用，在企业层面制定知识产权保护激励制度，不断激励企业员工投身于技术研究开发活动中，保护激励制度有利地促进了企业的知识产权战略的实施。

2. 知识产权战略集中管理模式

集中管理模式、分散管理模式和分类管理模式是国外企业知识产权战略管理的三种典型模式，企业根据自身情况，选择合理科学的管理模式，极大地提高了企业知识产权战略管理效率。集中管理模式与分类管理模式都能有效地避免重复研发；分散管理模式以充分授权为基本特点，可以调动分公司的研发热情与工作效率。美国的 IBM 公司、日本佳能公司、日本三菱公司是上述三种模式的代表，在整个企业知识产权战略管理方面产生了重要的影响。

3. 重视资源的有效整合

在经济全球化背景下，生产要素在世界范围内的整合、配置丰富了企业的资源获取方式。纵观发达国家在对全球资源和生产要素进行整合过程中，他们十分重视知识产权的战略管理，充分发挥了知识产权在促进企业发展、提高其竞争力方面的作用。以日本高新技术企业为例，他们通常将知识产权纳入到公司整个的研究开发、生产经营中进行系统规划，不仅突显了企业知识产权的重要作用，而且也极大地提高了企业资源的组织效率和生产效率。

为进一步推进我国企业知识产权战略的实施，推进石油天然气装备制造业的转型升级，提高我国在装备制造业的竞争优势，我们有必要借鉴国外在知识产权战略实施方面的成功经验，结合自身实际状况，坚持以市场为基础，充分发挥政府的主导作用，充分发挥企业的知识产权创造、运用的主体作用，促进协同创新，通过企业与政府通力合作，尽快形成具有自身特色的知识产权战略管理体系，促进创新成果的知识产权化、产业化。

6.3 石油天然气装备制造业知识产权战略实施途径研究

知识产权战略是体系化的，其顺利实施是不同层级的知识产权战略共同演化的结果。如图 6－2 所示，微观层面、中观层面、宏观层面的知识产权共同构成了整个国家的知识产权体系。微观层面主要由企业、知识产权第三方服务商构成，中观层面由地方政府、行业协会构成，宏观层面是由国家相关政府部门组成，负责对知识产权战略实施作出政策指导。在企业知识产权战略实施中，国家作为知识产权法律制度的供给者，是国家和区域层面制度创新主体，主导着中观和宏观层面创新主体行为共同演化。企业是微观层面的制度创新主体，也是生产经营活动中的技术创新主体，主导着微观层面的知识产权战略管理。在这一共同演化过程中，两大系统之间通过目标、文化、组织和制度的协同，不断深化和丰富知识产权战略（邓艺，胡允银，张红霞，2014）。

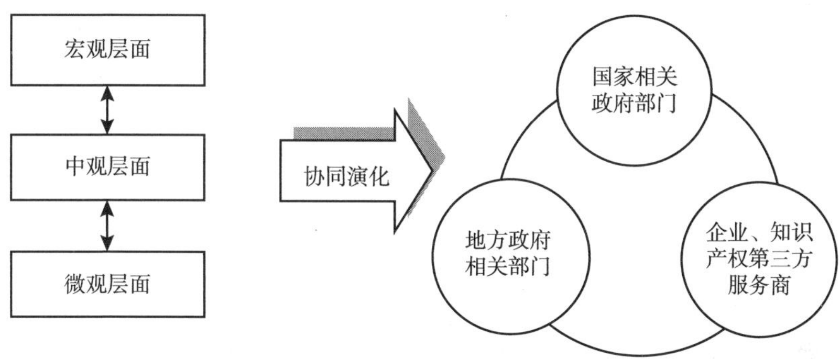

图 6－2　知识产权战略实施主体相互关系的演化

企业知识产权战略实施是知识产权战略管理的关键环节，它将战略环境分析、选择与制定的成果转化为具体的实际行动，其最终目标是提升企业的技术创新绩效。石油天然气装备制造业的知识产权战略是以国家宏观知识产权战略为指导，以地方政府、行业和企业为主体，是国家知识产权制度供给创新，地方政府、行业协同创新和企业自主创新的知识产权战略的协同演化和执行的结果。

6.3.1　企业层面的知识产权战略实施途径分析

创新是知识产权的来源，企业是技术创新的主体。企业知识产权战略是知识产权战略体系的基础和核心，是整个知识产权战略的基本保障和基础。《国家知识产权战略纲要》强调指出，企业一定要成为国家知识产权创造和运用的主体。知识产权制度是市场经济的必然产物，企业知识产权战略的一切工作和任务都应该围绕市场这一中心而展开。为获得知识产权，增加知识产权的产出量，提高知识产权的质量，必须加快建立以企业为主体的技术创新体系，确保企业在知识产权的开发、运用、保护和管理中的主体地位。企业知识产权战略实施是以市场为导向，主要目标是将战略方案转化为员工的实际行动。如图 6－3 所示，其关键环节在于企业知识产权战略实施方案的制定、组织结构设计、人员配置和实施管理、评价。

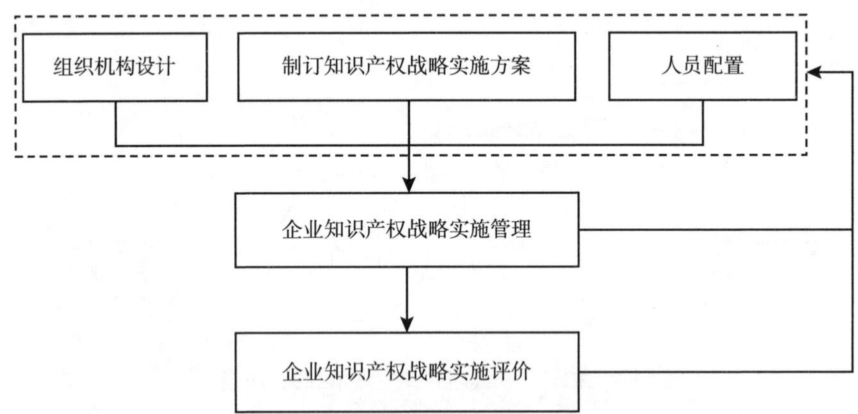

图 6－3　企业知识产权战略实施关键路径

企业知识产权战略实施是一项系统工程，是实施方案、组织协调、人员执行等要素耦合作用的结果，因此协调处理好人员配置、充分利用好政策进行技术合作有利于企业知识产权战略的顺利实施。

1. 优化人员配置。具体到石油天然气装备制造业的人员配置工作，应从三个方面来进行系统思考。人才支撑是石油天然气装备制造业知识产权战略顺利实施的基础和保障条件。首先，加大人才培养、引进力度。石油天然气装备制造业中的大、中型企业可以根据自身实力制定灵活的人才培养、引进制度，组建自己的研发中心，以形成技术创新的人才基础；其次应着力培养知识产权经营管理人才，充分发挥知识产权制度对企业技术创新的促进作用，增强企业创新能力，引进和培养知识产权管理人才将有利于加强企业知识产权的管理工作，通过制定适合于自身企业的知识产权管理制度，特别是激励制度，建立知识产权管理体系，以促进知识产权战略的实施；再次，引进和培养知识产权高级管理人才，应对市场竞争的最新发展态势，作为全面推进企业知识产权战略的人才准备。

2. 知识产权资本化。知识产权是企业重要的无形资产，是企业重要的竞争要素，如何充分发挥企业商标、品牌、专利技术等知识产权等无形资产的作用，通过知识产权的运营将其转化成为知识资本是石油天然气装备制造业知识产权战略实施的重要内容。调查发现，四川除少数几家大型石油天然气装备制造业拥有知识产权管理办公室外，多数石油天然气装备制造业的通常做法是将企业知识产权相关事务归口到企业法律事务管理部门，其结果是企业的知识产权缺乏战略管理，知识产权管理被简单化为事后的知识产权纠纷与维权处理，知识产权在市场经济中的价值和作用难以充分发挥。为进一步发挥石油天然气装备制造业的知识产权作用，充分挖掘其潜在的市场价值，石油天然气装备制造企业不仅引进技术，而且还必须通过建立健全知识产权管理制度，树立知识产权是企业重要竞争资源的意识，将知识产权通过技术转让、技术授权、商标专用权转让、商业秘密转让等手段加以运营，转化成资本，以发挥其价值。

3. 充分发挥政策优势。2009 年，国务院颁布《装备制造业调整和振兴规划》，推出通过发挥增值税转型政策，支持装备产品出口等税收政策，加大对绿色装备产品的研发，为石油天然气装备制造业知识产权战略的实施提供强有力的政策支持。国家装备制造业调整和振兴规划、知识产权市场化激励政策的相继出台为石油天然气装备制造业知识产权战略实施创造了良好的外部环境，认真地领会规划精神，并以此指导企业的知识产权战略实施管理，有利于提高企业知识产权战略管理水平，降低企业知识产权战略实施过程中的风险，提升企业知识产权战略实施效果。

4. 加大技术创新。企业制定与实施知识产权战略应以市场为导向，以价值最大化为最终目的。石油天然气装备制造企业对市场变化的反应速度是知识产权战略实施成功的重要影响因素。2015 年上半年受国际油价波动影响，国内石油天然气装备制造市场需求不畅，为石油天然气装备制造业的技术发展产生了明显的不利影响。但对于那些资金实力雄厚、技术创新能力强的石油天然气装备企业，低迷的经济也许正是企业进行技术改造与技术创新的良好时机，应继续推进专利战略，将更多的资金投入到企业的技术研发上，为经济好转后的发展积蓄力量。石油天然气装备制造企业应抓住机会，认清市场需求和技术发展方向，大力开展节能环保技术研发，逐步淘汰能耗高、污染重的产品，紧紧围绕国家环境治理和行业节能减排的任务，将企业技术创新瞄准能有效利用的节能环保技术的新领域。

6.3.2　产业层面的知识产权战略实施途径分析

产业是由多个具有同质性或关联性的独立企业所组成的一种社会组织。按空间范围分析，产业可以聚集在一定的空间内，也可以广泛地分布在一个国家内或世界范围内，产业内的企业既有竞争性也有互补性。产业层面的知识产权战略既不同于国家和区域性知识产权战略，也不同于企业知识产权战略。产业层面的知识产权战略是立足于促进产业协调发展而进行知识产权发展规划，强调相关产业领域的企业总体的知识产权能力提升，为多维主体运用知识产权提供工具和政策组合既是产业层面的知识产权战略实施的核心内容，也是产业层面知识产权战略实施的根本性目标。

1. 充分发挥平台和行业协会在知识产权战略实施中的作用

行业协会在产业层面知识产权战略实施中起到辅助与推动作用。国内石油产业链比较完善，但产业集聚度不高，制约着其整体竞争力。为提高国内石油天然气装备制造业的整体实力，一些地区和企业通过建立产业园区的形式，加强产业内的分工协作，产业集聚水平正在不断提高。一方面以集群焦点企业为龙头、以技术关联企业为主体、以知识产权联盟的新模式正在被人们所接受，通过不断完善新兴产业集群的知识产权公共服务平台，配套建设集群知识产权数据库、知识产权管理咨询、知识产权辅助信息、知识产权维权援助等综合性管理服务可以有效地促进产业层面的知识产权战略的顺利实施（吴泗，2011）；另一方面，充分发挥行业协会的作用，组建知识产权战略联盟，可以有效地解决小企业由于自身科研能力比较薄弱，资金与技术缺乏的现实困难，提高知识产权的运用效率，促进整个行业技术水平和竞争能力的提升。

2. 充分发挥政府在企业知识产权战略实施中的作用

发达国家不断通过国家知识产权战略来推进行业层面的知识产权战略实施，并不断调整知识产权法律保护的范围和内容，以保持国家层面的知识产权法律法规的动态适应性。以美国为例，美国实施知识产权战略主要是根据国家利益和美国企业的竞争需要，对专利法、版权法、商标法等传统知识产权立法不断地进行修改与完善，扩大保护范围，加强保护力度。为促进石油天然气装备制造业的自主创新水平的提高，促进其知识产权战略的实施，政府在石油天然气装备制造业发展的每个阶段中必须从以下三点为基础建立知识产权管理制度：一是在装备制造业转型升级时期，分析石油天然气装备制造行业的外部知识产权竞争态势，选择适合的管理实践途径；二是分析对石油天然气装备制造行业内部知识产权管理问题，针对产业特点与技术创新层次，系统地分析石油天然气装备制造业所面临的知识产权管理问题；三是分析石油天然气装备制造企业的知识产权管理需求，帮助企业利用政策实现创新收益最大化。在上述三方面分析基础上，出台相关的政策推动石油天然气装备制造业的知识产权战略的顺利实施。

6.3.3　地方政府层面的知识产权战略实施途径分析

在本书研究中，地方政府是指按照国家法律或中央政府的授权，在自己的管辖行政区域内行使部分国家权力，管理国家和地方事务的立法机关、行政机关、司法机关。为知识产权战略实施需要，地方政府应根据国家相关法律对与知识产权相关的法律法规进行细化，作出贯彻实施的相关安排，并根据外部环境变化和实施环境的不同对相关制度进行调整和优化。根据国家或地区经济社会条件，通过政策与法律等行为做出对知识产权的制度安排，为企业知识产权战略的实施创造良好的社会条件，由此可见，地方政府对石油天然气装备制造业的知识产权战略的实施具有重要影响，其影响方式是相关制度安排，体现在环境的建设上，不同的制度安排将会形成不同的制度环境，直接影响到石油天然气装备制造业知识产权战略实施的成本，从而影响其战略效果。

自2008年6月5日国务院颁布《国家知识产权战略纲要》以来，上海、北京、浙江等地相继出台地方知识产权战略纲要，促进了国家知识产权战略的顺利实施。以四川石油天然气装备制造业为例，《四川省知识产权战略纲要》于2009年颁布，全省知识产权综合实力上了一个新的台阶，2014年四川省知识产权综合实力和总体水平进入全国十强。

为满足四川广汉市的石油天然气装备制造产业发展的需要，由广汉市政府牵头，联合多家石油天然气装备生产企业成立的广汉市石油天然气装备制造产业专利联盟，为形成良好的产业组织生态创造了条件，进一步巩固了广汉市在我国石油天然气装备制造行业的地位，促进了其整体技术水平的提高。从发达地区和欠发达地区的知识产权战略实施的实践经验看，地方政府在知识产权开发、运用、保护、管理的各个阶段都发挥着越来越重要的推动作用，地方政府的支持与推动是知识产权战略实施的重要途径，地方政府的指导与干预是知识产权战略实施的重要外部力量。宏观层面的知识产权战略指导必须通过中观层面的具体产业与微观层面的企业才能发挥作用，及有节奏地为油气装备制造行业实施知识产权的外部环境进行改革与创新，才能起到应有的作用。

6.4 石油天然气装备制造业知识产权战略具体实施策略研究

6.4.1 优化石油天然气装备制造业知识产权战略实施类型

战略环境始终是处于动态变化过程之中。战略环境的动态变化客观上要求战略实施过程中战略本身的动态调整，战略维持、调整和转型是战略实施的三种不同性质的实施（蓝海林，2015）。战略维持意味着企业继续执行上一个计划周期内的战略而不做改变；战略调整意味着企业在不改变总体战略方向与目标前提下，对实施战略目标的途径进行有限的调整；战略转型是对企业发展战略的彻底改变，包括方向、目标和途径。显然，从战略维持、调整到转型，企业战略实施的难度越来越大，实施的内容也越来越复杂。在动态环境条件下，根据内外部环境条件的变化对战略进行调整是企业战略实施的常态。

企业内部的知识产权战略的组合与动态的变化既是其战略实施，也有利于提升知识产权价值。总体上，国内石油天然气装备制造业通常具有自己的生产技术，但作为策略性的知识产权还需要在不断加大研发力度，创造更有价值的知识产权的情况下，不断根据外部环境变化，重组自己的知识产权战略组合。面对现有的知识产权，石油天然气装备制造业可根据专利价值的高低和知识产权管理水平高低进行专利战略组合。处于技术领先地位的国内石油天然气装备企业可将价值较高的知识产权应用于许可与合作战略中，改变传统的排他战略，有能力的石油天然气装备企业可以学习其他行业中的知识产权投资战略，深化知识产权许可贸易，维持竞争优势并获取更大的利益。

6.4.2　构建石油天然气装备制造业知识产权战略实施的利益共享机制

由第三方搭建的以信息技术为基础的市场平台，个体借助平台交换“闲置”物品、分享自己的知识和经验、筹集资金已经成为一种典型的共享经济现象。企业拥有的知识产权的价值最大化既是知识产权战略制定的出发点，也是企业知识产权战略实施必须思考的问题。企业拥有的知识产权的价值最大化的实现方式是多种多样的，既可以通过限制竞争，以获取市场垄断租金，也可以通过技术转让、许可来获取利益。以共享经济为背景，企业可以通过利益共享来促进企业知识产权战略的实施。具体到石油天然气装备制造业的知识产权战略的实施，一方面石油天然气装备制造企业知识产权战略实施过程中，涉及内部不同部门的利益，如果协调不当会产生部门间，或各利益主体间的矛盾。部门间的协调要基于知识产权战略的协同管理。知识产权战略管理系统中的组织支撑，就涉及技术开发部门、营销部门与知识产权管理部门等之间的协调。我国石油天然气装备企业大多数知识产权管理体系还不完善，无疑增加了各部门利益协调的难度，不利于知识产权战略的实施。技术开发、员工职务发明涉及企业员工的自身利益与研发积极性，合理的利益分配制度与激励制度有利于协调企业与员工利益。另一方面，应充分利用各种信息平台，加大企业知识产权信息公开力度，并进行企业实用新型技术专利、发明专利的交换，通过互让许可方式扩大知识产权的应用范围，以促进整个行业的技术水平的提升。

6.4.3 构建石油天然气装备制造业知识产权战略协同模式

理论上，战略协同是在确定公司长期目标、发展方向和资源配置的战略管理过程中，通过沟通和交流的方式，两个以上的业务单元在技能、资源形成核心竞争力，并以各自的核心竞争力为基础，实现业务单元之间的转移和共享，从而提升公司的整体业绩。战略协同通过资源和能力的识别、整合，实现协同效应。战略协同具有静态横向协同、动态进程协同的典型特征，具体到石油天然气装备制造业的知识产权战略协同，它可以区分为两个层面的协同。

（1）企业内部的知识产权战略协同，具体内容包括了知识产权战略技术创新、市场营销、生产运营、投资管理等战略的协同，企业内部建立技术创新战略、市场创新战略与知识产权战略的战略协同模式。以石油天然气装备制造业的专利战略为例，石油天然气装备制造业知识产权以专利为主，专利战略实施能力有力地支撑企业技术创新战略，使技术创新融入专利导向。2012 年，海外油气田工程技术服务商、承包商、石油天然气装备制造商经营收入的增加表明了我国石油天然气装备制造业的国际市场广阔前景。从以往的国外跨国公司的经验看，专利战略先行的市场开拓方法极大地减少了市场开发的难度与阻力，既可巩固已有市场也可以有效地开发后期市场。因此，加快构建国内石油天然气装备制造业的市场创新战略与知识产权战略的协同模式，提高企业对市场的敏感度，将技术创新与专利研发的理念建立在市场观念上，巩固企业已有市场，挖掘未来新市场。

（2）石油天然气装备制造业的知识产权战略协同。立足于现有的中石油、中石化、中海油和民营企业三足鼎立的石油天然气装备制造业的基本市场格局，充分发挥集团母公司或行业协会的作用，加强企业之间的技术创新合作，加强企业有关生产经营方面的信息沟通，建立知识产权战略协同，共享知识产权，共同促进和提高企业的技术创新能力，也是石油天然气装备制造业知识产权战略实施必须思考的问题。

6.5　石油天然气装备制造业知识产权战略联盟研究

单个知识产权的竞争本质是一种战术竞争，从单个知识产权向知识产权组合转变是知识产权战略管理的一种新趋势，其发展有利于降低“专利丛林”而带来的不利影响，有利于减少“公地悲剧”的发生。石油天然气装备制造业的发展历史、亲缘关系、地缘优势是建立知识产权战略联盟的基础。知识产权战略联盟是石油天然气装备业内企业之间基于共同战略利益，以一组或多组相关知识产权为纽带达成联盟，联盟内部成员企业通过知识产权的交叉许可，或者相互优惠使用彼此专利技术，形成一种新的产业聚集组织，以提升其整体的技术创新能力，促进其产业的协同发展（余顺坤，陈俐，2016）。

总体上，在石油天然气装备制造业内建立知识产权联盟可以通过相互之间的交流，引发网络效应。通过技术标准化，形成技术壁垒从而引发锁定效应、敲竹杠和双重边际。通过建立知识产权联盟可以有效地弱化行业内的同质化而引起的恶性竞争，促进企业由竞争走向竞争合作，改变市场的竞争态势。石油天然气装备制造业知识产权战略联盟能否顺利实施与其模式选择有关。根据石油天然气装备制造业知识产权战略管理现状，其知识产权战略联盟可供选择模式有交叉许可、混合模式。

6.5.1 石油天然气装备制造业知识产权交叉许可战略

专利交叉许可是一种典型的知识产权战略联盟形式，专利交叉许可意味着成员均同意彼此交换专利权，同样地，知识产权交叉许可意味着联盟内成员可以交换专利、商标、品牌等知识产权。知识产权交叉许可的典型特征是许可的对象是联盟内成员，非联盟内成员是被禁止的，联盟内成员通过签署交叉许可契约来达到知识产权交叉使用的目的。石油天然气装备制造业知识产权交叉许可战略作为一种知识产权战略实施方式，其顺利实施是以一定的前提条件为基础的。首先，应有相应的牵头组织单位，如政府、行业协会等。因为行业内企业虽然各自有其自身的产品和市场，然而经济理性将会导致行业内企业在知识产权方面的搭便车行为，如果行业内搭便车行为不能得到有效的控制，将会导致知识产权战略联盟失去其存在的基础。四川德阳广汉市依托政府构建了知识产权战略联盟，将与技术创新转化相关的大学、科研院所、企业整合在一起，不仅深化了产学研融合发展，而且还开创了知识产权交叉许可的社会实践，是一种有益的实践和探索。

6.5.2 石油天然气装备制造业知识产权混合模式战略

混合模式是在交叉许可基础上的一种新的拓展，是基于专业化分工而形成的一种知识产权战略，即将行业内的专利、商标、品牌先集中统一成为一个知识产权持有人，然后再许可给专业性的第三方。显然地，这种模式一方面有利于企业、科研人员从纷繁复杂的知识产权日常事务中解脱出来，专门从事生产、技术开发；另一方面通过专业性的知识产权服务公司或公共服务平台，企业的知识产权价值可以实现最大化。如果以石油天然气装备制造业的知识产权战略实施为研究对象，那么采用混合模式的价值则在于其知识产权的标准化，也就是说采用该种模式更加有利于石油天然气装备制造业的专业布局，有利于发挥其在行业标准制定中的主导作用，有利于围绕其现拥有的核心知识产权，并围绕核心知识产权建立知识产权池，通过混合模式的知识产权战略让技术更加稳固，并迅速地转化成为行业竞争力。

6.6　本章小结

石油天然气装备制造业的知识产权战略实施属于整个战略管理过程的中间环节，具有承上启下的作用。目标分解和政策支持是石油天然气装备制造业的战略实施的核心内容。从国内外知识产权战略管理的实践看，政府和企业是知识产权战略的实施主体，但各自的作用和机理是不同的，两者之间的合理分工、协同将共同促进知识产权战略管理水平的提高。基于对国内外知识产权战略管理的比较分析，我国石油天然气装备制造业的知识产权战略实施应在强调利益共享的前提下，寻求国家、地方政府和企业主体之间的协同，通过交叉许可、产权混合模式形成行业内的知识产权战略联盟。

第7章

石油天然气装备制造业知识产权战略绩效评价研究

装备制造业是衡量一国综合国力、经济发展水平和科技实力最重要指标之一。目前，国内石油天然气装备制造业正处于转型升级时期。随着人们对知识产权，对国家和企业竞争力影响的认识不断深化，知识产权保护、利用并以此为手段和工具进行竞争已成为一种国家和企业之间竞争的新方式，竞争方式的变化对国内石油天然气装备制造业加强知识产权战略研究和实践提出了现实要求，不仅对石油天然气装备制造业的知识产权战略制定的正确性提出了要求，而且也对石油天然气装备制造业的知识产权战略实施效果的判断提出了要求。原有的战略分析、战略选择、战略实施的战略管理“三阶段模式”由于缺乏对战略实施效果的评价，无法解决战略执行不力的问题，这客观上要求加大战略评价，从而形成战略分析、战略选择、战略实施、战略评价“四阶段模式”，战略评价结果反馈到战略分析、选择和实施中可以有效地改进、优化企业战略管理流程，有效地提升企业战略管理水平，是企业战略管理体系的重要组成部分。

本章在对国内外有关知识产权战略管理绩效评价研究基础上，构建起石油天然气知识产权战略管理绩效的评价指标体系，并以四川宏华石油设备有限公司为例对评价指标体系的科学合理性进行了验证。

7.1　国内外研究现状

7.1.1　国内研究现状分析

对知识产权战略实施绩效进行科学合理的评价是知识产权战略管理的重要组成部分。总体上，知识产权战略管理作为一项管理活动，其有效性评价离不开量化指标，因此，国内有关知识产权战略管理绩效评价集中于评价指标体系的构建上。国内的知识产权战略评价方法主要是引进企业战略绩效评价方法，结合知识产权管理理论，建立知识产权评价指标体系。周勇涛（2009）从企业知识产权战略实施的创造、运用、保护和管理四个环节构建了企业知识产权战略实施绩效的关键性指标。洪少枝等人（2011）运用平衡计分卡，从知识产权创造与获取、运用、保护和管理四个方面构建了高新技术企业知识产权战略评价指标体系，其中知识产权创造与获取包括投入、产出数量、产出质量和产出效率四个指标；知识产权运用包括布局、自我实施、转让与许可、经济效益四个指标；知识产权保护包括保护效能和保护效率两个指标；知识产权管理包括管理战略、管理文化、管理组织和人员、管理制度四个指标。吴红（2010）从企业知识产权战略制定、实施和绩效三个方面构建了企业知识产权战略评估体系，其中企业知识产权战略制定主要包括外部环境适应性和内部资源条件的适应性两类指标；企业知识产权战略实施主要包括战略的组织和战略的落实两类指标；企业知识产权战略绩效主要包括企业竞争优势、自主创新能力和经济效益三类指标。查苇杭等（2011）采用多目标参数描述模型的方式从规划制定、研发人员、计划执行、经济投入、研发成果、营销战略、法律战略、信息战略八个方面构建了适合企业、研究院的知识产权战略执行评价体系。

7.1.2 国外研究现状分析

立足于企业内部，知识产权战略实施绩效评价主要包括从研发负责人、知识产权负责人，多为一些定性指标，难以量化，其评价结果对企业的知识产权战略管理指导作用明显不够。欧盟委员会与联合研究中心合作制定了欧洲创新记分牌（European Innovation Scoreboard，EIS）。2005 年进行了 EIS 第 5 次修订，主要是将候选指标进行相关性分析和主成分分析，将总体创新指标改良到现在的 26 个，创新指标种类由原来的 4 类增加为现在的 5 类（唐杰，周勇涛，2009）。EIS 主要运用专家赋权法、等权重法、要素分析法和有利原则进行指标权重确定，之后进行鲁棒分析得出评价结果。美国 CHI 研究公司的“专利记分牌”就主要利用专利引文分析进行专利指标研究。

战略评价的目的是检测战略实施进展、评价战略执行业绩、不断修正战略决策，以期实现战略目标。全面考察企业战略的内在基础、动态掌握企业战略实施环境、将实际结果与预期结果进行比较，并采取措施以保证行动与计划的一致是企业战略管理评价的主要内容。同样地，知识产权战略管理评价本质上也是一种控制方法和手段，通过对战略动态进程的跟踪、评价其执行效果并将其执行状态反馈到其环境分析、选择和实施环节，以实现知识产权战略管理目标。

关于企业知识产权战略实施绩效评价体系研究，国内外均未能形成较为完备的理论体系。从以上研究可以看出，对于企业知识产权战略评价多以企业知识产权战略实施过程为评价对象，通过定性分析各个环节的影响因素，利用平衡计分卡、因子分析等方法建立评价指标体系，建立最终的评价模型。国内外有关企业知识产权战略管理评价的思想和方法为石油天然气装备制造业的知识产权战略管理绩效评价提供了思想和方法上的借鉴。

7.2　石油天然气装备制造业知识产权战略管理绩效评价指标体系的构建

7.2.1　评价指标选择的原则

企业知识产权战略绩效评估就是对已经执行的企业知识产权战略目标、执行过程、效益、作用、影响进行系统的、客观的综合分析和研究总结。评价指标的设立只有遵守一定原则才是科学可靠的。石油天然气装备制造业知识产权战略评价有别于单独的企业评价，必须结合我国石油天然气装备制造业情况与知识产权战略管理内容，选择科学合理的评价指标，坚持遵循以下原则。

1. 全面性原则

石油天然气装备制造业知识产权战略涉及知识产权的开发、保护与运营等多个环节，涵盖了企业的专利、商标、品牌、商业秘密等，因此石油天然气装备制造业的知识产权战略绩效评价不仅要涵盖知识产权开发、保护与运营等环节，而且也应包括专利发明、商标、品牌、商业秘密等，从过程和内容两个层面去全面反映石油天然气装备制造业的知识产权战略管理的实施结果。

2. 可行性与经济性原则

我国企业知识产权战略管理起步较晚，知识产权战略管理意识不强，相关基础数据不完善制约着人们对行业层面知识产权战略管理实施效果的评价。立足于我国石油天然气装备制造业知识产权战略管理的基本现状，对其知识产权战略管理进行评价应坚持可行性原则和经济性原则，可行性原则应立足于石油天然气装备制造业知识产权管理现状和基础，不能照搬国外经验，应实事求是；经济性原则意味着对石油天然气装备制造业知识产权战略管理进行评价应充分考虑成本和收益，既不能为评价而评价，也不能为了得到评价结果而不顾成本。

3. 灵活性与科学性原则

石油天然气装备制造业涵盖了多个企业，不同企业的知识产权战略管理水平不同，存在着差异性，但由于本书研究的是行业平均水平，因此，石油天然气装备制造业战略实施绩效指标应在计算口径和方法上保持统一性的基础，石油天然气装备制造业知识产权战略评价的目的一是为了从行业层面对其实施效果进行一个总体掌握，形成一个行业层面的总体概况；二是在总体概况基础上对不同企业的知识产权战略管理的差异性给予解释，这客观上要求根据自身情况对指标权重合理取舍，以保持灵活性与科学性的统一。

7.2.2 评价指标体系的定义

企业知识产权战略绩效评价是对战略预定目标执行后实际产生结果的数据资料，分析对比企业知识产权战略实施的情况与预期目标的活动。同样地，石油天然气装备制造业知识产权战略评价是全过程的评价，应涵盖知识产权战略管理的整个过程并以此为基础构建知识产权战略绩效评价指标体系的内涵，形成其知识产权战略评价指标体系。总体上，从知识产权战略管理的过程看，知识产权战略管理评价应包括战略适应性评价、战略实施评价和战略绩效评价，其主要内容见表 7 - 1。

表 7 - 1　　石油天然气装备制造业知识产权战略评价体系

战略过程 / 内容体系	战略适应性	战略实施	战略实施绩效
评价内容	所选知识产权战略的适应性	知识产权战略的落实程度	知识产权战略实施的最终绩效

续表

内容体系＼战略过程	战略适应性	战略实施	战略实施绩效
评价标准	知识产权战略与企业总体发展战略的契合度；有利环境因素的利用充分性	知识产权实施措施的可操作性； 实施措施的可控性	战略目标的实现程度
评价资源	事件资料	知识产权实际执行情况统计资源	知识产权战略执行后实际产生结果的数据资料

石油天然气装备制造业知识产权战略适应性评价主要是指对其知识产权战略选择的最终方案与策略是否适应石油天然气装备制造业的内外部环境，是否与企业战略目标相适应，能否有效支撑企业整体战略等方面的一种主观性判断，以定性分析为主；石油天然气装备制造业的知识产权战略实施评价是一种过程评价，主要依靠定性指标与定量指标，对石油天然气装备制造业的执行知识产权战略与策略情况的评价与监控；石油天然气装备制造业知识产权战略绩效是将整个战略完成后产生的具体结果转化为具体的指标，与预定目标对比，以评判其实施效果，是一种以结果为导向的定量评价。在动态环境下，石油天然气装备制造业知识产权战略管理评价必须从内外两个维度对其战略进行评价，内外部评价标准也是不同的。本书在借鉴鲁梅尔特提出的战略评价的四个标准基础上，结合石油天然气装备制造业知识产权战略管理现状，提出石油天然气装备制造业知识产权战略评价的四个标准和内容，见表 7－2。

表 7－2　石油天然气装备制造业知识产权战略管理评价标准

评价	标准	内容
外部评价	一致性	知识产权战略与总体战略一致性；知识产权战略措施与目标一致性；知识产权战略与外部环境一致性
	协调性	知识产权战略与总体发展趋势匹配性；知识产权战略与企业能力和资源匹配性

续表

评价	标准	内容
内部评价	可行性	战略目标的合理性；战略实施的经济性；战略实施风险可控性
	优越性	优质资源的可获得性；企业技术水平的提高程度；企业核心竞争能力的提升程度

7.2.3 评价指标体系的确定

纵观石油天然气装备制造业知识产权战略管理绩效评价的内容，一些内容是明确的，一些内容却是含糊不清的，因此必须采用多种方法对其进行分析筛选，以保证评价指标体系的科学。本书采用社会调查、专家咨询的方法，确定了石油天然气装备制造业知识产权战略管理绩效的评价指标体系，见表7-3。

表7-3　石油天然气装备制造业知识产权战略管理评价指标体系

目标层	准则层		指标层
知识产权战略绩效评价指标体系	战略适应性评价	环境适应性	知识产权战略与国家政策的匹配程度
			相关企业知识产权战略的了解程度
			竞争要素变化程度
			企业知识产权战略要旨的了解程度
			标准制定与战略的融合性
		目标适应性	知识产权发展目标明确性
			各事业部制订知识产权年度计划
			年度研发计划与研发规划
			知识产权战略内容年度更新程度
	战略实施评价	组织支撑	知识产权应用的网络化管理体系完美性
			知识产权项目管理的网络信息系统的完美性
			创新平台建设数量与质量
			知识产权管理培训与宣传
		经济投入	研发投入与销售收入比
			设备水平结构
			科研人员比重

续表

目标层	准则层		指标层
知识产权战略绩效评价指标体系	战略实施绩效评价	知识产权开发	知识产权拥有量的行业排名
			知识产权存活量
			知识产权申请增长率
		保护	知识产权纠纷次数
			侵权调查次数
		运营	知识产权转移收益额
			拥有自主知识产权产品销售收入与主营业务收入的比例

知识产权战略管理评价是一项系统性工程，科学地构建起企业知识产权战略管理评价指标体系，是了解并掌握企业知识产权战略目标的合理性、实施的科学性和实施结果的重要手段，是企业提高知识产权战略水平的重要途径。结合石油天然气装备制造业知识产权战略管理特点，采用层次分析法，建立了知识产权战略管理绩效评价体系，并将其分为目标层、准则层和指标层三个层次。准则层涉及战略适应性、实施与绩效三个过程，指标层是影响准则层中各个过程实施的重要因素。结合现有的知识产权战略评价指标与中国创新指标体系，遵循评价原则，对指标进行提炼，得到石油天然气装备制造企业知识产权战略评价指标体系，其中准则层 7 个，指标层 23 个。

7.2.4　石油天然气装备制造业知识产权战略管理绩效评价指标值的确定

石油天然气装备制造业知识产权战略管理绩效评价的指标值可分为绝对值和相对值。绝对值指由国家统一确定，是在大量调查国内石油天然气装备制造业演化规律、结构特点与社会经济的相互关系的基础上，确定的统一标准，绝对标准值的确定有利于横向和纵向比较，缺点是指标值的制定比较困难；依据各行业自己的特点，划分评价等级，其指标值仅限于行业内的纵向比较。石油天然气装备制造业的知识产权战略管理绩效的评价为相对指标，其确定遵循以下三点原则。

（1）尽可能采用现有国家标准，如《国家知识产权战略纲要》《国家知识产权战略行动计划》。

（2）在没有国家标准的情况下，参照同类约定标准和行业的先进企业的标准。

（3）在没有国家标准又无行业参照标准的情况下，参照其他类似或相近行业的相应数据。

7.2.5 石油天然气装备制造业知识产权战略管理绩效评价方法的确定

石油天然气装备制造业知识产权战略管理绩效评价是石油天然气装备制造业知识产权战略管理的重要环节。战略评价方法关系着最终评价结果的科学性，关系着石油天然气装备制造业对其知识产权战略的实施动态、各环节的认识与把握的准确性，也决定了为推进石油天然气装备制造业的知识产权战略管理而提供的决策、参考与建议的科学性、实用性。随着研究的深入，国内外目前的文献采用的战略绩效评价方法从一般线性，即简单的指标加权平均发展为线性与非线性方法的综合，更好地满足了现实对评价方法的需要。石油天然气装备制造业知识产权战略绩效评价指标体系包含了知识产权战略实施的多个方面，是将属性不同的指标进行加权平均的问题，这客观上要求石油天然气装备制造业知识产权战略绩效评价方法要能多维度、综合性、客观地反映石油天然气装备制造业知识产权战略管理的实际规律。

目前，模糊综合评价方法广泛应用于经济问题评价、管理问题评价、教育问题评价等众多领域。随着人们对事物认识的发展，研究对象越来越复杂，使人们在描述客观事物与认识事物过程中经常会出现思维、判断、推理的非量化和不精确的现象，人们需要一种解决模糊不确定性的方法，于是，具有其他综合评价方法所不具备的优点的模糊综合评价方法应运而生（王新华，李堂军，丁黎黎，2010）。

模糊综合评价方法具有明显的优点：一是模糊综合评价结果以向量的形式呈现，向量是一个模糊子集，较为准确地描述了评价对象的模糊状况，其评价结果经过加工，可以提供一系列的参考综合信息；二是评价既可以通过对复杂系统分层，最大限度描述了评价对象，又可以准确地确定权数；三是模糊综合适用性强，既用于主观因素综合评价，又可用于客观因素评价；四是模糊综合评价中的权数可以根据评价者着眼点的不同而改变评价指标的权数，也可以同时用几种不同的权数分配对同一被评价对象进行评价，从而具有一定的灵活性。鉴于模糊综合评价的优点，本书选用了此方法对石油天然气装备制造业知识产权战略管理绩效进行评价。

7.3　四川宏华石油设备有限公司知识产权战略管理绩效评价研究

以四川宏华集团为例，运用战略绩效评价方法，结合先前的评价对该企业的知识产权战略选择、实施和绩效进行系统的、客观的综合分析。

7.3.1　评价对象基本状况

四川宏华石油设备有限公司（以下简称四川宏华）公司成立于 1997 年 12 月，是四川省重装制造业的龙头企业之一、四川省第一批高新技术示范企业，也是中国最大的陆地石油钻机制造企业。2008 年 3 月，其母公司宏华集团在香港联交所主板上市（HK0196），成为中国第一家上市的钻机制造商。

公司主要从事石油钻采设备研究、设计、制造、成套和技术服务，主要产品涵盖 1000 ~ 12000 米的陆地钻机，包括 DBS 交流变频数控电动钻机、直流电驱动钻机、机械驱动钻机、复合驱动钻机、拖装钻机和转盘独立电驱动钻机，以及新研制的连续管钻机等二十余种型号规格，还有各种与之配套的直驱顶驱、直驱泵、游吊系统、固控系统和电控系统等产品。

从四川宏华的发展看，企业以进攻型知识产权战略为主，四川宏华石油设备有限公司是国内唯一具备覆盖全系列、全地域、全服务范围的钻机产品及整体解决方案能力的供应商，其主要经济指标位居国内行业前列，共申请专利420项，其中发明专利156项，PCT（Patent Cooperation Treaty，专利合作条约）国际申请18项，美国专利3项，自主专利产品销售收入占主营业务收入比重达80%。四川宏华的知识产权进攻战略的主要措施包括：一是加快研发海洋油气开采设备；二是通过产学研相结合的方式加大对油气工业环保设备的研发力度；三是加大非常规油气开采设备的成型和配套，以尽快形成规模和能力；四是加强对企业核心技术、商标等知识产权的保护与控制，将工程服务和技术服务结合，围绕产品增值服务提升企业品牌知名度。

2017年1月13日，四川宏华申请的知识产权管理体系经过认证并获得知识产权管理体系认证证书；公司设有知识产权办公室、海洋技术中心、研发部、产品研究所、科技管理部、集团法律及证券事务部作为知识产权战略实施的组织结构；2013年底四川宏华制定了《四川宏华专利信息利用工作指引》；在EIP（Enterprise Information Portal）办公平台上开通了“宏华集团专利信息检索立项申请表”系统；加快产学研合作步伐，与周边石油高校达成研发合作协议；积极促进产业知识共享，合作建立了全省第一家专利产业联盟“四川省广汉石油天然气装备制造产业专利联盟”和全省首批产业技术研究院“四川宏华石油天然气产业技术研究院”。

7.3.2 四川宏华石油设备有限公司知识产权战略管理绩效评价

本书把模糊综合评价的基本理念和方法引进到对四川宏华石油设备有限公司的知识产权战略管理绩效评价中，以保证知识产权战略管理绩效评价过程与结果的科学性。模糊综合评价涉及：确定评价指标因素集合；确定评价语集合；确定指标权重集合；确定评价指标的标准与依据；对评价数据进行运算与验证五个步骤。

1. 评价指标因素集合

石油天然气装备制造业知识产权战略评价指标体系已经建立，还需要按照指标体系确定评价集合。目标层支配的准则层的参数集合为 $U = \{U_1,$

U_2，U_3，…，U_6，U_7}，U_1 为环境适应性，U_2 为目标适应性，U_3 为组织支撑，U_4 为经济投入，U_5 为知识产权开发，U_6 为知识产权保护，U_7 为知识产权运营。与准则层对应的指标层的参数集合为 W_i = {W_1，W_2，W_3，W_4，…}，以环境适应性为例，它的指标层的参数集合为 W_1 = {W_1，W_2，W_3，W_4，W_5}，W_1 为知识产权战略与国家政策的匹配程度，W_2 为相关企业的知识产权战略的了解程度，W_3 为竞争要素变化的了解掌握程度，W_4 为企业知识产权战略要旨的了解程度，W_5 为标准制定。

2. 评价语集合

通常地，评价语集的取值采用分等级评分，再综合量化。本书对各项指标采用四级评分方式，定义出指标值的优劣。各指标的评价等级分为：V = {V_1，V_2，V_3，V_4} = {差，中，良，优}。

3. 指标权重集合

在综合评价时，评价指标的重要程度是不同的，需要确定各指标权重。确定权重的常见方法主要有：德尔菲法、因素成对比较法、层次分析法、数理统计法等。考虑到石油天然气装备制造业的特殊性、知识产权战略管理绩效评价的专业性，我们采用德尔菲法，由知识产权领域的专家与学者在了解石油天然气装备制造业知识产权战略管理过程以及相应指标的情况下，依据理论与经验，对拟定知识产权战略管理绩效评价指标赋予相应的权重，并计算出各指标的权重，见表7－4。

表7－4　石油天然气装备制造业知识产权战略管理绩效评价指标权重

准则层	权重	指标层	权重
环境适应性	0.10	知识产权战略与国家政策的匹配程度	0.24
		相关企业知识产权战略的了解程度	0.23
		竞争要素变化程度	0.23
		企业知识产权战略要旨的了解程度	0.15
		标准制定与战略的融合性	0.15

续表

准则层	权重	指标层	权重
目标适应性	0.10	知识产权发展目标明确性	0.33
		各事业部制订知识产权年度计划	0.17
		年度研发计划与研发规划	0.33
		知识产权战略内容年度更新程度	0.17
组织支撑	0.14	知识产权应用的网络化管理体系完美性	0.34
		知识产权项目管理的网络信息系统的完美性	0.26
		创新平台建设数量与质量	0.17
		知识产权管理培训与宣传	0.23
经济投入	0.16	研发投入与销售收入比	0.25
		设备水平结构	0.50
		科研人员比重	0.25
知识产权开发	0.18	知识产权拥有量的行业排名	0.14
		知识产权存活量	0.29
		知识产权申请增长率	0.57
知识产权保护	0.16	知识产权纠纷次数	0.63
		侵权调查次数	0.37
知识产权运营	0.16	知识产权转移收益额	0.33
		拥有自主知识产权产品销售收入与主营业务收入的比例	0.67

准则层的指标权重集合 $a=(0.10, 0.10, 0.14, 0.16, 0.18, 0.16, 0.16)$，各项目指标权重集合分别 $b_1=(0.24, 0.23, 0.23, 0.15, 0.15)$；$b_2=(0.33, 0.17, 0.33, 0.17)$；$b_3=(0.34, 0.26, 0.17, 0.23)$；$b_4=(0.25, 0.50, 0.25)$；$b_5=(0.14, 0.29, 0.57)$；$b_6=(0.63, 0.37)$；$b_7=(0.33, 0.67)$。

4. 确定评价指标标准与依据

科学评价因素的建立与合理评价标准的确定决定了评价工作的科学性与合理性。确定的评价因素的等级标准依据见表7-5。

表 7-5　评价指标的标准体系

指标 \ 标准 \ 等级	V_1 差	V_2 中	V_3 良	V_4 优
知识产权战略与国家政策的匹配程度（W_{11}）	<25%	25%～50%	50%～75%	75%～100%
相关企业知识产权战略的了解程度（W_{12}）	<25%	25%～50%	50%～75%	75%～100%
竞争要素变化程度（W_{13}）	<25%	25%～50%	50%～75%	75%～100%
企业知识产权战略要旨的了解程度（W_{14}）	<50%	50%～75%	75%～90%	90%～100%
标准制定与战略的融合性（W_{15}）	<25%	25%～50%	50%～75%	75%～100%
知识产权发展目标明确性（W_{21}）	<25%	25%～50%	50%～75%	75%～100%
各事业部制订知识产权年度计划（W_{22}）	<25%	25%～50%	50%～75%	75%～100%
年度研发计划与研发规划（W_{23}）	<10%	10%～35%	35%～65%	65%～100%
知识产权战略内容年度更新程度（W_{24}）	>30%	15%～30%	5%～15%	<5%
知识产权应用的网络化管理体系完美性（W_{31}）	<25%	25%～50%	50%～75%	75%～100%
知识产权项目管理的网络信息系统的完美性（W_{32}）	<25%	25%～50%	50%～75%	75%～100%
创新平台建设数量与质量（W_{33}）	<1	1～3	3～5	>5
知识产权管理培训与宣传（W_{34}）	<1/次年	1～3 次/年	3～5 次/年	5～10 次/年
设备水平结构（W_{41}）	后 70%	50%～70%	30%～50%	前 30%
科研人员比重（W_{42}）	<15%	15%～30%	30%～45%	>45%
研发投入与销售收入比（W_{43}）	<5%	5%～15%	15%～30%	>30%
知识产权拥有量的行业排名（W_{51}）	后 70%	50%～70%	30%～50%	前 30%
知识产权存活量（W_{52}）	<40%	40%～60%	60%～80%	>80%
知识产权申请增长率（W_{53}）	<5%	5%～15%	15%～25%	>25%
知识产权纠纷次数（W_{61}）	>70%	50%～75%	25%～50%	5%～25%

续表

指标 \ 标准 \ 等级	V_1	V_2	V_3	V_4
	差	中	良	优
侵权调查次数（W_{62}）	>5	3～5	1～3	<1
知识产权转移收益额（W_{71}）	<10 万元	10 万～35 万元	35 万～60 万元	>60 万元
拥有自主知识产权产品销售收入与主营业务收入的比例（W_{72}）	<20%	20%～50%	50%～80%	>80%

（1）环境适应性五个指标的标准与依据。环境适应性五个指标都采用等级标准值，将是否收集、考虑外部信息与外部环境因素，分为四个等级：充分（75%～100%）、较多（50%～75%）、较少（25%～50%）、没有（<25%），将上级部门对知识产权要旨的了解程度分为四个等级：完全了解（90%～100%）、比较了解（75%～90%）、不太了解（50%～75%）、不了解（<50%）。标准划分主要以《国家知识产权战略纲要》《2015 年国家知识产权战略实施推进计划》《四川省知识产权战略纲要（2009—2020年)》与行业内专家意见为依据。

（2）目标适应性四个指标的标准与依据。目标适应性四个指标也采用等级标准值，将年度计划是否明确知识产权发展、各事业部是否制订知识产权年度计划划分为四个等级：充分（75%～100%）、较多（50%～75%）、较少（25%～50%）、没有（<25%）。将年度研发计划与研发规划的相关度划分为四个等级，65%～100%，35%～65%，10%～35%，<10%。战略内容年度刷新幅度与其他指标不同，战略内容年度刷新的幅度越小则表明制定的知识产权战略对目标的适应性越强，因此将它的四个等级划分为0%～5%，5%～15%，15%～30%，>30%。指标标准的具体划分以《国家知识产权战略纲要》《2015 年国家知识产权战略实施推进计划》《四川省知识产权战略纲要（2009—2020 年)》与行业内专家意见为依据。

（3）组织支撑指标标准与依据。创新平台建设量和知识产权管理培训与宣传次数直接关系着组织对知识产权战略的推进与实施的支持与重视程度，一般越支持、越重视知识产权战略，企业的创新平台数量、对员工知识产权培训与宣传次数越多。在建设知识产权网络管理体系与平台方面，一般知识产权战略管理工作做得越好的组织，其信息技术在知识产权管理中的应用越充分。因此，以充分（75%～100%）、较多（50%～75%）、较少（25%～50%）、没有（<25%）将其指标标准划分为四个等级。指标标准的具体划分主要以《关于全面组织实施中小企业知识产权战略推进工程的指导意见》《2015 年国家知识产权战略实施推进计划》为依据。

（4）经济投入指标的标准与依据。一般情况下，经济投入指标包括人力、物力、财力，知识产权战略工作推进与实施越成功的企业，在经济投入上花费的比例普遍较高，并且其经济投入比例与所在行业特点、企业规模与实力密切相关，因此，此标准的制定要考虑目前企业所在行业的综合实力，最好以所在行业相应指标数值的平均值为标准，可取所在行业前 8 位企业的相应指标值，并取其平均值。

（5）知识产权保护、开发、运营标准及依据。知识产权保护、开发、运营是知识产权战略实施绩效评价的因素，以战略实施前的规划数值为标准，通过对比，考核战略实施的绩效情况。因此，标准值的具体确定以《“十三五”国家知识产权保护和运用规划》《国务院关于新形势下加快知识产权强国建设的若干意见》与《国务院关于扶持小型微型企业健康发展的意见》为主要依据。

5. 评价数据的运算与验证

（1）确定各指标的隶属度。由于各项指标评价等级不同，而且每项指标所属评价等级的程度也不相同，为简化计算，采用线性关系确定评价指标的隶属函数。根据评价对象的模糊分布特点与已有研究，本书选用较为简便的降半梯形分布函数，隶属度分为正指标和逆指标两类。

当 $j=1$ 时，隶属函数式为：

$$r_{i1}=\begin{cases}1 & \text{正指标：} u_i\leqslant v_{i1}\text{；} \quad \text{负指标：} u_i\geqslant v_{i1} \\ \dfrac{u_i-v_{i2}}{v_{i1}-v_{i2}} & v_{i1}<u_i\leqslant v_{i2}\text{；} \quad v_{i1}<u_i\leqslant v_{i1} \\ 0 & u_i\geqslant v_{i2}\text{；} \quad u_i\leqslant v_{i2}\end{cases}$$

当 $j=2, 3, \cdots, n-1$ 时，隶属函数式为：

$$r_{ij}=\begin{cases}0 & \text{正指标：} u_i \leqslant v_{i1,} u_i \geqslant v_{ij+1}\text{；} \quad \text{负指标：} u_i \geqslant v_{ij-1}\text{，} u_i \leqslant v_{ij+1} \\ \dfrac{u_i-v_{ij-1}}{v_{ij}-v_{ij-1}} & v_{i1-1}<u_i \leqslant v_{ij}\text{；} \quad v_{ij}<u_i \leqslant v_{ij-1} \\ \dfrac{u_i-v_{ij+1}}{v_{ij}-v_{ij+1}} & v_{ij}<u_i \leqslant v_{ij+1}\text{；} \quad v_{ij+1}<u_i \leqslant v_{ij}\end{cases}$$

当 $j=n$ 时，隶属函数式为：

$$r_{ij}=\begin{cases}0 & \text{正指标：} u_i \geqslant v_{in,} u_i \leqslant v_{in-1}\text{；} \quad \text{负指标：} u_i \leqslant v_{in}\text{，} u_i \geqslant v_{in-1} \\ \dfrac{u_i-v_{in-1}}{v_{in}-v_{in-1}} & v_{in-1}<u_i \leqslant v_{in}\text{；} \quad v_{ij}<u_i \leqslant v_{in-1}\end{cases}$$

式中：n 为评价等级数。

四川宏华石油天然气装备制造公司的具体指标值 u_i，可以通过收集到的四川宏华石油天然气装备制造公司具体数值计算得出，定性指标值根据向该公司的相关知识产权管理与专业技术人员咨询及宏华知识产权战略的相关规划中得出。

将 u_i 代入隶属函数，指标层各指标的隶属度 R 统计见表 7－6。

表 7－6　　指标层各指标的隶属度

指标层	隶属度				指标层	隶属度			
	V_1	V_2	V_3	V_4		V_1	V_2	V_3	V_4
W_{11}	0	0	0.829	0.171	W_{34}	1	0	0	0
W_{12}	0	0	0.553	0.437	W_{43}				
W_{13}	0	0.754	0.246	0	W_{44}	0	0.547	0.453	0
W_{14}	0.080	0.920	0	0	W_{45}	0	0	0	1
W_{15}	0	0	0.586	0.414	W_{51}	0	0	0.193	0.807
W_{21}	0	0	0.280	0.720	W_{52}	0	0	0.750	0.250
W_{22}	0	0.708	0.192	0	W_{53}	0.100	0.900	0	0
W_{23}	0	0	0.766	0.234	W_{61}	1	0	0	0
W_{24}	0	0	0.679	0.321	W_{62}	0	0	0	1
W_{31}	0	0	0.640	0.360	W_{71}	0	0	0	1
W_{32}	0	0	0.135	0.865	W_{72}	0	0	0	1
W_{33}	0	1	0	0					

（2）建立指标层的模糊隶属矩阵。由表 7－6 可得指标层相对准则层的模糊隶属度矩阵 $\boldsymbol{R}j$，有：

$$\boldsymbol{R}1=\begin{pmatrix}0 & 0 & 0.829 & 0.171\\ 0 & 0 & 0.553 & 0.437\\ 0 & 0.754 & 0.246 & 0\\ 0.08 & 0.920 & 0 & 0\\ 0 & 0 & 0.586 & 0.414\end{pmatrix}$$

$$\boldsymbol{R}2=\begin{pmatrix}0 & 0 & 0.280 & 0.720\\ 0 & 0.708 & 0.192 & 0\\ 0 & 0 & 0.766 & 0.234\\ 0 & 0 & 0.679 & 0.321\end{pmatrix}$$

⋮

（3）建立准则层的模糊隶属矩阵（计算过程略去）。

$\boldsymbol{B}i=\boldsymbol{b}i\times\boldsymbol{R}i$，$\boldsymbol{b}i$ 为指标层各指标相对于准则层的重要度。

在指标层综合评价的基础上，形成准则层模糊评价隶属关系为：

$$\boldsymbol{B}=\begin{pmatrix}0.012 & 0.311 & 0.471 & 0.204\\ 0.000 & 0.120 & 0.493 & 0.369\\ 0.230 & 0.170 & 0.253 & 0.347\\ 0.000 & 0.137 & 0.162 & 0.702\\ 0.057 & 0.513 & 0.245 & 0.185\\ 0.000 & 0.000 & 0.399 & 0.601\\ 0.000 & 0.000 & 0.000 & 1.000\end{pmatrix}$$

（4）计算准则层的隶属度向量 $\boldsymbol{A}$：

$$\boldsymbol{A}=\boldsymbol{B}\times\boldsymbol{a}=(0.043,\ 0.176,\ 0.263,\ 0.506)$$

7.3.3　讨论与建议

由计算结果和等级划分标准可知：$A_4=0.506$ 为最大，表明四川宏华石油天然气装备公司的知识产权战略绩效总体处于优秀水平。从指标层的模糊隶属度来看，其环境适应与目标适应状况为良好，组织支撑与经济投入状况为优秀，知识产权开发状况为中等，知识产权保护与运营状况为优秀。其中经济投入与组织支撑上，四川宏华石油装备公司投入较多，但研发绩效还没有达到最好的水平，即经济投入与组织支撑对知识产权开发上影响作用还有待提高，这与企业重视技术投入、重视知识产权，但对专利、品牌、商标的运营却不够重视的基本现状一致。为此，企业可以从研发成果转化上寻找问题的所在，应加强企业知识产权的运营战略管理，并妥善处理好知识产权创造、开发、保护、运营四者之间的关系，从而充分发挥知识产权的价值。

7.4 本章小结

知识产权战略绩效评价是对知识战略管理的过程与最终绩效进行科学合理的评价，其目的是为企业知识产权战略管理工作提供进一步完善与改进依据。本章从石油天然气装备制造企业知识产权战略绩效多维度性、综合性和模糊性等特征出发，引入模糊综合评价的理念构建了环境适应性、目标适应性、组织支撑、经济投入、知识产权开发、保护、运营 7 个准则层指标，23 个指标层的石油天然气装备制造业知识产权战略管理绩效指标体系，并结合四川宏华石油设备有限公司的实际，采用模糊综合评价模型法，进行了实际应用，对企业的知识产权战略管理绩效评价进行了有益的探索。

第8章

研究结论与管理建议

8.1 研究结论

石油天然气装备制造业是我国装备制造业的重要组成部分，在国家装备制造业转型升级的进程中，石油天然气装备制造业面临机遇和挑战。加大知识产权战略管理是石油天然气装备制造业在新形势下战略转型的重要内容。本书在对石油天然气装备制造业的基本发展现状分析基础上，以现代战略管理为基础，从战略选择、实施、评价三个环节对石油天然气装备制造业的知识产权战略管理进行了系统研究。其主要结论包括以下五点。

结论一：石油天然气装备制造业知识产权战略环境机遇与挑战并存。以我国经济社会发展为背景，以“创新、协调、绿色、开放、共享”五大发展理念为指导，石油天然气装备制造企业知识产权战略管理环境具有复杂、多样性，机遇与调整并存。一是国家制造业转型升级、建设制造业强国的战略规划的实施将为我国石油天然气装备制造业的转型升级发展提供良好的外部政策环境。二是随着《国家知识产权纲要》的实施，我国的知识产权创造、运用、保护和管理水平将得到稳步提高，将进一步强化企业推进知识产权战略管理的基础，为石油天然气装备制造业的知识产权战略管理创建良好的平台。然而，如果将石油天然气装备制造业的知识产权战略管理纳入到行业环境进行分析，我们不难看到其知识产权战略管理环境的风险和不确定性具有挑战性。一是石油天然气装备制造业的竞争程度进一步加剧。国有、民营、外资三足鼎立是我国石油天然气装备制造业的基本市场格局，国有企业具有行业优势，与用户之间具有亲缘关系；民营企业市场化程度高、创新意识强；外资企业拥有核心技术。石油天然气装备制造业主体能力的差异性决定了其竞争格局和获利能力，影响着行业的吸引力。二是国际油价的持续波动。随着世界经济总体增长速度放缓，世界能源需求疲软，国际油价在遭遇断崖式下跌后一直处于波动状态。国际油价的下跌和波动加大了石油、天然气勘探、开发的投资风险，勘探、开发投资的减少势必会影响到石油天然气装备制造业的市场需求，加大市场供需矛盾，在市场需求减小的情况下，石油天然气装备制造企业之间的竞争将会进一步加剧，从而对石油天然气装备制造业的知识产权战略环境带来不利影响，形成挑战。

结论二：石油天然气装备制造业知识产权战略管理体系的构建是由石油天然气装备制造业发展现状、其知识产权特征共同决定的，石油天然气装备制造业知识产权战略管理体系包括了静态和动态两套系统，涵盖了其基本原则、构建模式和制度体系。一是教育体系、技术体系、合作体系、基础设施、制造文化的不足制约着我国石油天然气装备制造业的发展。二是新技术的发展和全球竞争格局的形成决定了石油天然气装备制造业转型升级任务艰巨，具有时间的紧迫性。三是我国石油天然气装备制造业三足鼎立导致其市场结构因不同的产品在局部市场上形成不同的竞争格局，对其知识产品战略管理体系的构建提出了挑战。四是石油天然气装备制造业知识产权战略管理体系的构建应坚持创新驱动、质量优先、绿色发展、结构优化、人才为本五项基本原则。五是石油天然气装备制造业知识产权战略管理体系从过程角度包括了环境分析、知识产权战略制度、知识产权战略实施、知识产权控制四个环节；从内容角度分析，石油天然气装备制造业知识产权战略管理体系包括知识产权职能体系和制度体系，职能体系的核心在于形成与石油天然气装备制造业知识产权战略管理相对应的组织机构，制度体系涵盖了石油天然气装备制造业的知识产权开发制度、保护制度、运营制度、激励制度和人才队伍制度等。

结论三：石油天然气装备制造业知识产权战略选择是石油天然气装备制

造业知识产权战略管理的核心内容，事关石油天然气装备制造业知识产权战略管理目标的实现，明确战略类型和选择方法是石油天然气装备制造业知识产权战略选择的关键。进攻型、防御型、攻防兼备型知识产权战略类型共同构成了石油天然气装备制造业知识产权战略可供选择的集合，石油天然气装备制造业中的企业应根据企业自身的知识产权开发、维护、运营现状选择其对应的知识产权战略，具体可以应用的方法包括了战略聚类模型和 SWOT 分析。利用 SWOT 分析方法，以四川石油天然气装备制造业的知识产权战略选择为例，提出了四川石油天然气装备制造业的 SO、ST、WO、WT 战略。

结论四：石油天然气装备制造业知识产权战略实施包括了知识产权战略目标的分解、企业资源配置、企业战略政策支持体系构建等内容。总体上，石油天然气装备制造业知识产权战略实施包括了政府主导、市场化运作等方式，从微观层面分析，石油天然气装备制造业知识产权战略实施涵盖了宏观、中观和微观三个层次的行为主体，政府、行业和企业三个层面的行为主体的一致性行动事关石油天然气装备制造业知识产权战略实施的环境和合力。企业层面的知识产权战略实施包括组织机构设计、知识产权战略方案、人员配置、实施和战略实施评价等互为关联的过程。产业层面的知识产权战略实施决定于行业协会、地方政府在知识产权方面的作用。具体到石油天然气装备制造业的知识产权战略实施应注重环境和战略的动态匹配，不断优化石油天然气装备制造业的知识产权战略，应以利益共享为基本理念，推动石油天然气装备制造业之间的知识产权共享，构建起协同模式。

结论五：石油天然气装备制造业知识产权战略管理评价既是对其总体战略管理绩效的评价，也是战略实施的核心内容。石油天然气装备制造业知识产权战略管理评价与评价原则、内容和方法有关。全面性、可行性和经济性、灵活性与科学性是石油天然气装备制造业知识产权战略管理绩效评价的基本原则。石油天然气装备制造业知识产权战略管理评价内容从纵向层面看涵盖了战略选择、战略实施和战略实施绩效，从横向层面看涵盖了内容、标准和评价资源，其评价标准包括了外部评价和内部评价两个维度的一致性、协调性、可行性、优越性四个标准。采用层次分析法建立起了石油天然气装备制造业知识产权战略管理评价指标体系。以四川宏华石油设备有限公司为样本，采用上述评价指标体系对其进行评价，证明了构建的评价指标体系的科学性。

8.2 管理建议

随着市场经济的深化和国际分工合作的发展，国家和企业都十分重视竞争内容的变化，并采取不同的策略以应对竞争环境的变化。知识产权作为一种新的竞争要素，其对企业竞争能力的提升具有重要作用已经成为共识。以中国大力发展装备制造业为背景，给石油天然气装备制造业的转型升级发展带来了机遇和挑战，加大对石油天然气装备制造业的知识产权战略管理研究是中国由制造大国转变为制造强国的内容。

本书在企业战略管理理论、知识产权理论基础上，以石油天然气装备制造业为研究对象，对其战略选择环境、战略管理体系、实施策略、战略管理评价进行了研究，根据研究中我们发现的问题，特提出以下两个层面的管理建议。

8.2.1 总体建议

1. 提升石油天然气装备制造业知识产权战略管理工作的地位

目前，石油天然气装备制造业知识产权战略管理工作主要依靠宏观政策指导来推进，政府在知识产权战略推进中起主导作用，企业在知识产权战略管理方面的主体作用发挥不够。四川石油天然气装备制造产业体系中，中小企业为主体，在资金、技术方面的实力相对较弱，知识管理思想较为落后，知识产权战略管理能力不足，知识产权开发、保护意识有待于进一步提高，企业在知识产权战略管理的作用与地位没有得到发挥。因此，应在国家知识产权战略管理的总体框架内，鼓励中小型企业以自身发展目标为导向，不断强化知识产权战略意识，确立起相应的知识产权战略管理目标，构建起相应的知识产权战略管理体系。

2. 注重产业层面知识产权战略管理的协调一致性

石油天然气装备制造业的技术密集型特征决定了其知识产权战略的制定应符合行业整体知识产权战略的构想，站在行业层面乃至国家层面的高度来研究石油天然气装备制造业知识产权战略的制定和实施问题，并遵循行业战略中所确定的指导方针、基本原则和政策走向，需要考虑国家经济发展、中长期战略规划等多方面因素，保证石油天然气装备制造业知识产权战略的目的与手段不与整个国家经济发展相冲突，同时石油天然气装备制造业知识产权战略要与国家的高技术企业优惠政策及知识产权鼓励政策等保持协调一致。更进一步，在涉及制定石油天然气装备制造业知识产权管理系统的具体内容时，在贯彻执行国家、省、市知识产权战略各项目标和准则的大前提下，要结合企业实际，将石油天然气装备制造业知识产权战略中的共性实施策略消化吸收，确保企业知识产权战略的地位和效力，赋予企业知识产权管理部门必要的权力，充分发掘和调动石油天然气装备制造业在知识产权战略管理方面的积极性和创造性。

3. 完善知识产权战略管理组织结构

组织机构和人员是石油天然气装备制造业知识产权战略管理目标实现的保障性条件。在知识产权战略管理的组织结构问题上可以借鉴日本的做法，在地方政府层面上，成立知识产权战略规划、实施小组，开展“一把手工程”，由市政府或市委核心领导亲自担任知识产权战略小组的组长，并形成日常决策、日常协调、日常控制的制度，以进一步明确政府在知识产权战略管理中的地位和作用。以政府的知识产权战略管理机构、决策程序、制度为基础形成企业层面的组织机构，明确其在知识产权战略管理中的职责、权力，通过政府、企业的协同和联动来推进石油天然气装备制造业的知识产权战略管理工作。

4. 注重品牌战略的实施

品牌是企业知识产权的重要组成部分，是企业增强其自身市场竞争能力的重要竞争手段。品牌体现了知识产权的精神，是企业重要的无形资产，是知识产权的重要保护手段。发达国家的公司拥有大量品牌资产，为自己的技术发展提供条件，为市场竞争提供法律保护，从而提高了其市场竞争力。发展中国家对品牌战略重视不够，科技成果转化成生产力、市场回报率明显不够。品牌是生产力，装备制造业转型升级中不仅要提升技术创新能力，还要注重品牌的建设，从软硬实力两个方面改变我国装备制造业品牌竞争力不够的状况，重塑我国装备制造业的品牌，发挥品牌的竞争作用。

5. 制定合理的知识产权保护策略

就目前我国的知识产权管理来看，大多数企业还是以知识产权保护为主，而国外正在提倡知识产权共享，以提高知识产权的利用率与创新的可能性。知识产权保护是知识产权共享的前提，只有达到一定条件，知识产权共享才能双赢。在制定知识产权战略时，需要企业站在长远角度，理性权衡各种保护策略对知识产权应用的市场反馈和市场动态；在降低核心知识泄露的基础上，应考虑知识共享为企业带来的长远利益；制定合理的知识共享方式、方法，构建知识管理组合方式，注重知识产权的市场化，通过共享获得双赢也是促进企业创新的一条路径。

8.2.2 具体建议

1. 增强石油天然气装备制造业的知识产权战略意识

知识产权战略意识对于企业知识产权战略的制定和实施具有决定性作用，较强的知识产权管理意识有利于企业科技成果的积累和知识产权的保护。提高油气装备产业的知识产权战略意识，首先，要转变企业高层管理者对知识产权的认识，从而在思想上引起对企业知识产权管理工作的重视。其次，应认真学习知识产权法律知识，熟悉企业知识产权管理的规章制度，增强知识产权保护意识。再次，应从文化层面形成企业知识产权文化。企业知识产权文化的建立能从价值观层面形成对知识产权管理的共识，能有效推进知识产权制度的实施，从而形成企业以专利、技术为核心的企业知识产权的增加。

2. 加快实施石油天然气装备制造业知识产权战略管理

在企业知识产权战略体系中，知识产权管理是企业知识产权战略管理的基础，也是企业知识产权战略的核心。为此，首先，油气装备产业要加快对科技创新型人才的培养，企业在不断提升技术人员的创新意识的同时，应加大对创新的奖励，建立起多元化的奖励和激励措施。其次，石油天然气装备制造业要加大知识产权开发的投入，油气装备产业应将一定比例的销售收入投入技术创新活动中。再次，石油天然气装备制造业要结合自身的发展情况，鼓励采取合作开放的战略，企业应与高校和科研机构开展深度合作，共同围绕油气产业发展的关键技术，开展技术攻关，实现企业和研发机构双赢的合作局面。

3. 完善石油天然气装备制造业知识产权战略体系

知识产权战略体系的建设有利于知识产权战略的顺利实施。首先，建立企业的知识产权管理部门，从组织上保证企业知识产权管理工作的顺利实施，组织上有了保证后，企业的知识产权发展长远规划才能得以落实和具体实施。其次，健全石油天然气装备制造业知识产权管理制度，石油天然气装备制造业要根据企业长期的发展战略，制定与之相适应的知识产权管理制度，包括企业技术的保密制度、专利信息的跟踪检索制度、技术创新奖励制度、企业知识产权价值评估制度等，对企业知识产权进行全方位的保护。

参考文献

[1] 安春明. 以知识管理为核心的企业知识产权管理体系构建研究[J]. 情报科学, 2009, 27 (5): 668-671.

[2] 操龙灿, 杨善林, 翟光瑞. 实施企业知识产权战略的对策研究[J]. 中国科技论坛, 2005 (3): 108-111.

[3] 查苇杭, 张杰, 张富信. 企业知识产权战略执行本体评价体系研究 [J]. 科技进步与对策, 2011, 28 (15): 115-119.

[4] 陈立, 关德偲. SWOT 分析法在战略税收筹划中的应用 [J]. 会计之友, 2013 (7): 84-87.

[5] 陈伟, 于丽艳. 企业知识产权开发与市场运营机制研究及其互动机理分析 [J]. 科技管理研究, 2008, 28 (2): 210-212.

[6] 戴汝为, 王珏, 田捷. 关于智能系统的综合集成 [M]. 杭州: 浙江科学技术出版社, 1995.

[7] 邓艺, 胡允银, 张虹霞. 国家知识产权战略与形象多层级共同演化机理 [J]. 云南社会科学, 2014 (4): 146-148.

[8] 杜鸿雁. 企业技术创新过程中的知识产权战略选择研究 [D]. 大连: 大连理工大学, 2007.

[9] 冯晓青. 国家知识产权战略视野下我国企业知识产权战略实施研究 [J]. 湖南大学学报 (社会科学版), 2010, 24 (1): 116-123.

[10] 冯晓青. 基于技术创新与知识产权战略实施的知识产权服务体系构建研究 [J]. 科技进步与对策, 2013, 30 (2): 112-114.

[11] 冯晓青. 企业知识产权运营管理研究 [J]. 当代经济管理, 2012, 34 (10): 89-93.

[12] 冯晓青. 企业知识产权战略 [J]. 中国石油企业, 2005 (3): 122-122.

[13] 冯晓青. 企业知识产权战略初论 [J]. 湘潭大学学报 (社会科学版), 2000 (5): 177-182.

[14] 冯晓青. 企业知识产权战略管理研究——以战略管理过程为视角 [J]. 科技与法律, 2008 (5): 51-55.

[15] 冯晓青. 企业专利战略基本问题之探讨 [J]. 河南社会科学, 2007 (3): 91-95.

[16] 冯晓青. 我国企业知识产权战略现状与对策研究 [J]. 中国政法大学学报, 2013 (4): 84-104.

[17] 关健. 基于利益相关者关系的我国中小企业业绩转向成功影响因素研究 [M]. 武汉: 武汉大学出版社, 2011.

[18] 郭民生. 知识产权战略实施的综合评价指数 [J]. 知识产权, 2009, 19 (1): 27-34.

[19] 海峰, 李必强, 冯艳飞. 集成论的基本范畴 [J]. 中国软科学, 2001 (1): 114-117.

[20] 洪少枝, 尤建新, 郑海鳌. 高新技术企业知识产权战略评价系统研究 [J]. 管理世界, 2011 (10): 182-183.

[21] 侯圣和. 国外企业知识产权管理的经验及启示 [J]. 中外企业文化, 2011 (3): 22-27.

[22] 胡承浩, 金明浩. 论开放式创新模式下的企业知识产权战略 [J]. 科技与法律, 2008 (2): 49-53.

[23] 胡庆明. 页岩气探明地质储量 $1068 \times 10^8 m^3$ [J]. 石油石化节能, 2015, 5 (11): 41.

[24] 姜军伟. 高新技术企业知识产权管理体系构建研究 [D]. 镇江: 江苏科技大学, 2013.

[25] 蓝海林. 企业战略管理 [J]. 经济理论与经济管理, 2015 (12).

[26] 李宝山, 刘志伟. 集成管理: 高科技时代的管理创新 [M]. 北京: 中国人民大学出版社, 1998.

[27] 李华威. 试论知识产权战略中的知识管理 [J]. 科学学与科学技术管理, 2004, 25 (9): 26-30.

[28] 李金华. 德国"工业4.0"背景下中国制造强国的六大行动路径 [J]. 南京社会科学, 2016 (1): 8-16.

[29] 李培林. 企业知识产权战略定位及战略实施研究 [J]. 科技管理研究, 2014, 34 (16): 152-155.

[30] 李喜录. 我国石油装备企业现状及发展战略 [J]. 石油机械, 2008, 36 (9): 194-197.

[31] 刘建旭. 基于DEA方法的企业战略选择评价与控制研究 [D]. 昆明理工大学, 2009.

[32] 刘云芬, 周英超, 范黎波. 全球视野下中国企业战略管理理论演进与实践——"2014中国战略管理学者论坛"综述 [J]. 经济管理, 2014, 36 (12): 186-193.

[33] [美] 弗雷德·R. 大卫. 战略管理——概念部分 [M]. 李青, 译. 北京: 清华大学出版社, 2008.

[34] [美] 凯文·G. 里韦特, 戴维·克兰等. 尘封的商业宝藏: 启用商战新的秘密武器: 专利权 [M]. 北京: 中信出版社, 2002.

[35] [美] 梅森·卡彭特, 杰瑞德·桑德斯. 战略管理——动态观点 [M]. 王迎军, 等译. 北京: 机械工业出版社, 2009: 65-66.

[36] [美] 小阿瑟·A. 汤普森. 战略管理: 获取竞争优势 [M]. 17版. 蓝海林, 等译. 北京: 机械工业出版社, 2011.

[37] 牟雪江. "智能"突围"制造"——中国石油装备制造转型升级增长竞争实力 [J]. 中国石油企业, 2015 (4): 40-44.

[38] 潘福仁. 知识产权审判中的大局观与方法论 [J]. 人民司法, 2009 (3): 33-36.

[39] 彭维刚, 孙卫, 刘新梅. 全球企业战略 [M]. 北京: 人民邮电出版社, 2007.

[40] 邵强, 高翠娟. 企业技术发展战略选择评价研究 [J]. 辽宁工程技术大学学报 (社会科学版), 2006, 8 (1): 50-52.

［41］苏屹，周文璐，吴雷．自主创新的创新过程与概念辨析研究［J］．科学管理研究，2013，31（2）：23－26．

［42］孙伟，姜彦福．企业知识产权战略架构及其选择模型：基于战略管理的视角［J］．科学学与科学技术管理，2009，30（2）：23－28．

［43］孙伟，姜彦福．企业知识产权战略选择模型构建与实证研究［J］．科学学研究，2009，27（8）：1191－1197．

［44］孙玉芸．美国知识产权战略的实施及其启示［J］．企业经济，2011（2）：187－189．

［45］唐国华，赵锡斌，孟丁．企业开放式知识产权战略框架研究［J］．科学学与科学技术管理，2014，35（2）：11－20．

［46］唐杰，周勇涛．企业知识产权战略实施绩效评价研究［J］．情报杂志，2009（7）：55－60．

［47］王方华．知识管理论［M］．太原：山西经济出版社，1999．

［48］王华．更严厉的知识产权保护制度有利于技术创新吗［J］．经济研究，2011（S2）：124－135．

［49］王黎萤，池仁勇，林智同．影响中小企业知识产权战略实施的关键因素——基于浙江的实证研究［C］．第九届中国科技政策与管理学术年会论文集，2013．

［50］王乾坤．集成管理原理分析与运行探索［J］．武汉大学学报（哲学社会科学版），2006，59（3）：355－359．

［51］王新华，李堂军，丁黎黎．复杂大系统评价理论与技术［M］．济南：山东大学出版社，2010．

［52］翁建兴，罗建华．企业知识产权战略模式和类型的选择——基于SWOT分析法和战略聚类模型的理论分析［J］．科技管理研究，2006，26（7）：168－170．

［53］吴伯明．实施国家知识产权战略，大力培育我国核心竞争力［J］．中国青年科技，2003（4）：4－5．

［54］吴汉东．国家软实力建设中的知识产权问题研究［J］．知识产权，2011（1）：3－6．

[55] 吴红. 企业知识产权战略评估指标体系的构建 [J]. 科技管理研究，2010，30 (1)：202－204.

[56] 吴金希. 用知识赢得优势：中国企业知识管理模式与战略 [M]. 北京：知识产权出版社，2005.

[57] 吴秋明. 集成管理论 [M]. 北京：经济科学出版社，2004.

[58] 吴泗. 湛江实施知识产权战略的对策研究 [J]. 科技管理研究，2011，31 (23)：148－158.

[59] 徐二明. 企业战略管理 [M]. 北京：中国经济出版社，2002.

[60] 徐明华. 关于知识产权战略与国际竞争力的理论探讨 [J]. 中国软科学，2003 (8)：90－95.

[61] 杨晨，杜婉燕，陈永平. 区域知识产权战略绩效评价指标体系构建的探究 [J]. 科技管理研究，2000 (2)：246－247.

[62] 杨浩. 我国企业知识产权战略的构建与实施研究 [J]. 知识经济，2010 (4)：1－3.

[63] 杨纬隆，林健. 基于博弈论的企业战略管理研究 [J]. 科学学与科学技术管理，2007，28 (8)：136－139.

[64] 叶广宇，黄怡芳. 中国跨国企业的非市场战略与东道国环境的关联度 [J]. 改革，2010 (2)：88－97.

[65] 易玉. 建立知识产权战略绩效评估指标体系的思考 [J]. 知识产权，2007，17 (1)：32－36.

[66] [英] 理查德·林奇. 公司战略——《财富》500 强成功经典 [M]. 周煊，等译，昆明：云南大学出版社，2001.

[67] 余顺坤，陈俐. 食品安全检测知识产权联盟的 SWOT 分析及发展战略选择 [J]. 中国管理科学，2016，24 (2)：169－176.

[68] 袁晓东. 知识产权与知识管理 [J]. 研究与发展管理，2005，17 (1)：73－78.

[69] 张俊英. 甘肃省装备制造业知识产权战略的制定及实施调查研究 [D]. 兰州大学，2012.

[70] 周济. 智能制造——“中国制造 2025”的主攻方向 [J]. 中国机

械工程，2015，26（17）：2273－2284.

［71］周全．市场导向下的专利实施战略联盟研究：组织合作创新的视角［M］．北京：经济科学出版社，2006.

［72］周英男，杜鸿雁．企业技术创新过程中的知识产权战略选择模型［J］．科学学研究，2007，（S2）：455－459.

［73］周勇涛．企业专利战略变化及实证研究［M］．北京：中国社会科学出版社．2014.

［74］宗庆庆，黄娅娜，钟鸿钧．行业异质性、知识产权保护与企业研发投入［J］．产业经济研究，2015（2）：47－57.

［75］邹开亮．企业知识产权战略的实施及应对——基于对江中集团知识产权战略的实证分析［J］．知识产权，2007，17（4）：50－53.

［76］Ansoff H I. Corporate Strategy［J］. *Bloomsbury Business Library—Management Library*，1965，315（3）：25－25.

［77］Barney J. Firm Resources and Sustained Competitive Advantage［J］. *Journal of Management*，1991，17（1）：99－120.

［78］Besen S M，Raskind L J. An Introduction to the Law and Economics of Intellectual Property［J］. *The Journal of Economic Perspectives*，1991，5（1）：3－27.

［79］Coe D T，Helpman E. International R&D spillovers［J］. *European Economic Review*，1993，39（5）：859－887.

［80］Hitt M A，Ireland R D，Hoskisson R E. *Strategic Management：Competitiveness and Globalization Concepts and Cases*［M］. 9th Edition，South－Western Cengage Learning，2011.

［81］Reitzig M. Strategic management of intellectual property［J］. *MIT Sloan Management Review*，2004，45（3）：35.

［82］Tao J，Daniele J，Hummel E，et al. Developing an Effective Strategy for Managing Intellectual Assets［J］. *Research－Technology Management*，2005，48（1）：50－58.

后　记

本书是在四川省2015年软科学立项课题《石油天然气装备制造业的知识产权战略选择、实施与评价研究——以四川省为例》的最终研究成果和阶段性成果《四川油气装备制造业知识产权战略研究》基础上进行修改、完善的结果。感谢课题结题评审专家提出的宝贵意见。本书的出版受到了西南石油大学人文社科专项出版基金的资助，在此深表谢意。

本书以知识经济背景下的知识产权战略管理是提高我国装备制造业核心竞争力的重要内容为基本命题，以石油天然气装备制造业的知识产权战略选择、实施和评价为具体研究对象，将先进的战略管理思想应用于石油天然气装备制造企业的知识产权战略管理中。本书的主要内容有：一是石油天然气装备制造业知识产权管理的战略环境研究，采用PESTEL、波特五力模型、钻石模型对石油天然气装备制造业知识产权战略管理所涉及的宏观、中观和微观环境进行了分析研究；二是石油天然气装备制造业知识产权战略管理体系研究，建构起了石油天然气装备制造业知识产权管理的静态、动态内容体系和构建模式；三是石油天然气装备制造业知识产权战略选择研究，根据石油天然气装备制造业的知识产权战略管理的优势、劣势、机会与挑战，提出了聚类战略选择方法，并以四川石油天然气装备制造业为例，提出了石油天然气装备制造业的SO、ST、WO、WT战略；四是石油天然气知识产权战略实施研究，提出了以国家、地方政府、企业和技术服务商为主体的石油天然气装备制造业的知识产权实施模式；五是石油天然气装备制造业知识产权战略实施绩效评价研究，构建了战略实施绩效的评价指标体系。

在知识经济的时代背景下，随着世界竞争格局的变化，知识产权战略管理对中国企业走出去参与“一带一路”的国际合作意义重大，是中国企业参与人类社会共同体建设必须思考的问题。由于知识积累和研究能力的不足，本书对相关问题的研究仅停留在表面，对问题的认识，尤其是知识产权战略管理过程中的主体之间的合作博弈问题、战略管理绩效的科学评价明显不够，有待进一步深入研究。受时间和精力所限，本书对所涉及石油天然气装备制造业的资料收集明显不够，对评价对象的调查了解不深入，直接影响到了研究结果的实践指导价值，存在着明显的不足。以“一带一路”倡议、《中国制造2025》为时代背景，以创新驱动为实践指导，加大石油天然气装备制造业的技术创新、管理创新和知识产权战略管理研究，将为中国企业在进行国内、国际合作进程中的知识产权战略管理提供更为有效的理论指导，有利于中国装备制造业的转型升级发展，价值和意义重大，是未来的研究方向。